U0129193

孔子仁道哲學的研究

鄭基良 著

文史哲學集成
文史哲出版社印行

國家圖書館出版品預行編目資料

孔子仁道哲學的研究 / 鄭基良著. -- 初版 --
臺北市：文史哲, 民 103.06
頁；公分（文史哲學集成；655）
參考書目：頁
ISBN 978-986-314-186-0（平裝）

1.（周）孔丘 2.學術思想 3.先秦哲學

121.23   103010617

文史哲學集成　　655

孔子仁道哲學的研究

著　　　者：鄭　　　基　　　良
出 版 者：文 史 哲 出 版 社
http://www.lapen.com.tw
e-mail：lapen@ms74.hinet.net
登記證字號：行政院新聞局版臺業字五三三七號
發 行 人：彭　　　正　　　雄
發 行 所：文 史 哲 出 版 社
印 刷 者：文 史 哲 出 版 社
臺北市羅斯福路一段七十二巷四號
郵政劃撥帳號：一六一八○一七五
電話 886-2-23511028・傳真 886-2-23965656

實價新臺幣三○○元

中華民國一○三年（2014）六月初版

ISBN 978-986-314-186-0   00655

前言（含提要）

　　中國哲學是生命的學問，由孔子的仁道思想開啓了內在的道德性，奠定中華文化的人文主義。孔子道冠古今，太史公以「至聖」讚之，太史公對孔子的讚美，情溢於辭，這本是後儒對孔子的誠敬態度。

　　早在數年以前，筆者即知仁之大義，不斷探求仁的本義，然而，只是年青，研讀哲學，區區數載，閱歷淺短，雖有嚮往先哲之志，未能博覽群經，惟求把握先哲精神及聖賢血脈，再三學思，信得孔子的仁道哲學即是聖賢血脈所在，遂有《孔子仁道哲學的研究》一書之撰成，以爲碩士論文，然而倉卒成書，難免多處訛誤，惟祈師長君子，幸蒙教誨。

　　第一章導論，共分兩節，第一節中華文化是仁的文化：仁的史觀，第二節孔子的生平及其仁學，論述仁字在中國哲學史上的地位，言明中華文化實是仁的文化，又解說孔子仁道哲學的思想淵源。

　　第二章仁的實踐精神，共分四節，第一節仁的真義，第二節仁與諸德的關係，第三節爲仁之方與仁的事功，第四節仁者的心境與氣象。本章論述仁的意義，仁與忠孝弟恕知勇恭寬信敏惠等之關係，再論實踐仁道的各種方法和仁的事功，以及仁者的和諧的至上化境。本章當可把握孔子的真精神，緊扣中華

文化之大本。蓋仁的精神，特重「實踐」，仁道的精思力踐，即是中華文化的大本。

　　第三章仁的形上基礎，共計三節，第一節仁與性與天道，第二節仁與《周易》的關係，第三節仁與《中庸》「誠」的關係。本章論述仁的形上基礎，說明先秦儒家的形上思想，是互相融貫的，仁的思想體系，實是廣大與完備。

　　第四章後儒對仁的體認，本章依次論述後儒對孔子仁道哲學的體認。當然，後儒言仁，多不可數，本章所舉，是其大要，共分 9 節，第一節孟子性善論的不忍人之心，第二節董仲舒《春秋繁露》的仁者憯怛愛人，第三節周敦頤〈通書〉的仁之本德，第四節張載〈西銘〉的求仁之學，第五節程顥〈識仁篇〉的渾然仁體，第六節朱熹〈仁說〉的愛之理心之德，第七節王陽明〈大學問〉的本心惻隱，第八節劉宗周《人譜》改過踐仁成聖，第九節譚嗣同《仁學》的道通為一。另加附錄多篇，以求完備。

　　第五章結論，說明今日世界紛亂，要以仁道行天下，仁心之存養與擴充，仁道的敦化流行，是世界的新希望。此外，孔子仁道哲學的天人合一大義，非常契合當代環境保護、生態保育的環境倫理學。

　　以上論述孔子的仁道哲學，文章已見廣泛，其他有關政治等思想，只好省略。

　　本書由拙作碩士論文增修訂正而成，此外，另有三篇附錄：〈道德的意義與西洋道德哲學〉、〈道德人格的養成〉、〈亞里斯多德與子思之中庸道德哲學的比較研究〉，可與本論文相輔之，或有謬誤，惟祈賢達君子，多予賜教。

　　　　　　鄭基良謹誌于台北自克軒 民國 103 年 6 月

孔子仁道哲學的研究

目　　次

第一章　導　論

第一節　中華文化是仁的文化：仁之史觀

　　中華文化，源遠流長，歷久彌新，上自三代，下迄至今，經數千年而愈高明，洋洋文風，文字難以形容其偉大，中華文化何能臻此「至大」、「至廣」、「至善」者，因有儒家思想，以及道家、法家、墨家、農家、陰陽家等學術的匯流。儒家思想由堯舜禹湯文武周公歷代聖哲所開創，而以孔子集其大成，加上後儒的傳承與發揚，遂成為中華文化的主流思想。儒家此一聖賢血脈，以仁為其大基，仁之發揚，使中華文化成為「至善」的仁的文化。

　　孔子集先儒之大成，繼承傳統文化，建仁教以垂萬世，他的真精神是「以仁教人」，指點個人效法天之健行與生生之德，使人之德同于天道，以「仁」為學說之核心。子曰：「吾道一以貫之」，一者，仁也，「仁」之一字貫通孔子學說，孔子是聖之時者，更是仁者，他的教化是仁教，《論語》是一部世上唯一的仁書。孔子以仁統攝諸德，是哲學史上的大事，在孔子以前的古書裏，罕見有仁字的出現，殷代及西周的文獻尚無仁字，「甲骨文中沒有仁字，早期的金文中沒有仁字，《詩經》、

《尙書」、《周易》三書中屬於西周時代的作品裏沒有仁字。」[1]

東周繼起，仁字漸多，仁成了一種美德，大約可釋爲「愛」，仁是愛，在《國語》一書中多處顯現，「爲仁者，親愛之謂也。」（《國語卷七・晉語一》）「仁，所以保民也。」（《國語卷二・周語中》）「殺無道而立有道，仁也。」（《國語卷九・晉語三》）又如《墨子・經上》曰：「仁，體愛也。」，《莊子・天地》曰：「愛人利物之謂仁。」，《韓非子・解老》曰：「仁者，中心欣然愛人也。」等等，大體皆以愛言仁，此時仁字尙非爲道德的極致、行爲的最高準則。

仁字傳至孔子，才成爲最高的涵義，孔子創發仁教，他的學說，緊扣仁體，在《論語》一書中，共有一百零六個仁字，總持仁之大義有二：一爲內聖外王，二爲天人合一。仁非但是人世間的至善準繩，更爲上達天人合一之道，孔子以仁貫通物我、天人，成就了仁道哲學。後傳孟子，繼承孔子學說，發揚仁道，論性善，倡仁政，仁義並舉，所有論仁之處，總是把握著「愛」的意義，使得孔子的仁道趨於狹義，爾後，自《大學》、《中庸》、《易傳》至秦漢，秦以武力統一中國，雖殘暴早亡，而其所定文章制度傳繼漢代，漢之文治愈盛，經學發達，尤以董仲舒獨尊孔子，崇尙儒學，更是大業。

董仲舒受陰陽五行之說的影響，著《春秋繁露》，〈王道通〉三篇曰：「仁之美者在於天，夫仁也，天覆育萬物，既化而生之，有養而成之，事功無已，終而復始，凡舉歸之以奉人，察於天之意，無窮極之仁也，人之受命於天，取仁於天而仁也。」

---

[1] 屈萬里著〈仁字涵義之史的觀察〉，《孔子研究集》第 273 頁。

又曰：「人之血氣化天志而仁」（《春秋繁露・爲人者天地》）董仲舒以人之仁原于有人格神之天，天爲人之仁的形上根基。又曰：「仁者，所以愛人類也。」（〈仁且智〉），「仁者，愛人」，此外，鄭玄以仁爲相人偶之義，許慎《說文解字》以仁從二人之意[2]，二者皆以人際關係說仁。

　　總之，漢人從仁之宇宙論、形而上義，以及人與人之關係說仁，是孔子仁學的一變，由漢至唐，其間有魏晉六朝，文風尙美，以文哲爲學術之主流，清談玄學瀰漫其時，雖有空靈意境、曠達胸懷與俊朗精神，惜乎儒學不興。大唐奮起，宗教最盛，佛學大展，俟韓愈出而倡道統之說，抗斥釋氏，韓愈曰：「博愛之謂仁」（〈原道〉），「博愛」即是「汎愛眾」，原本契合孔子仁道，韓愈所論正爲儒學道統。

　　仁字再傳宋明，宋、明二代是儒學的復興時期，理學爲之代表，理學家行教化，作道德實踐，要人去人欲存天理，使精神內斂，清心明理，教人觀聖賢氣象，確信聖賢人人可學，以致知涵養兩種工夫並進，求達聖賢之境，對先秦儒學多加發揮，而仁之大義又有變于前期者，如周濂溪的〈通書〉，言人之仁本於天道；張載的〈西銘〉重在仁德的完成；程明道的〈識仁篇〉直指「仁者渾然與物同體」、「學者須先識仁」，微言天人合一、物我一體之仁；朱子的〈仁說〉以仁爲心之德、愛之理，亦謂仁爲全德，「仁無不包」，仁亦含有道德形上學之意，「蓋仁之爲道，乃天地生物之心，即物而在。」（〈仁說〉）；王陽明的〈大學問〉體認人心之仁，能與天地萬物相感通，而

---

2 《說文解字》段註第八篇「仁，親也，從人也。」

與之爲一體；劉宗周的《人譜》精思力踐改過成德；宋明儒大體依心說仁，仁內在于心，爲心之性，且源於天，總之「宋明儒大皆以人果能知得此仁之內在之本原之在心，爲心之性，亦即同時知其本原之亦在天。」[3]

至清代，儒者之論仁又有不同詮釋，蓋清族入主華夏，文化之發展難免受挫，清廷酷行文字獄，使清儒埋首在考證、訓詁、音韻、校刊、文字、輯佚等學。欲求知古文化的本來面目以及文獻真義，遂有抱殘守缺之弊，另外以事功實務言仁，顏習齋、戴東原、焦循、劉寶楠等皆是，晚清的康南海、譚嗣同以新的西方科學思想論仁，仁的思想又是一變。譚嗣同以《仁學》道通爲一，維新救國。

民國以來，學者論仁，又有種種說法，大體欲求仁的本義，以及對仁的客觀界說。牟宗三以爲仁有二義：一爲覺，二爲健[4]。綜上所論，吾人得知孔子仁學在中國思想上之地位，整體的中華文化之生命，是由仁的精神所貫通，可以說中華文化實是仁的文化。

第二節　孔子之生平及其仁學

「孔子生魯昌平鄉陬邑，其先宋人也，曰孔防叔，防叔生伯夏，伯夏生叔梁紇，紇與顏氏女野合而生孔子，禱於尼丘，得孔子，魯襄公二十二年而孔子生。」（《史記》卷四十七）。

---

3 唐君毅著《中國哲學原論原道篇》卷一第 73 頁。
4 牟宗三著《中國哲學的特質》第 9 頁。

魯襄公二十二年同於西元前 551 年，周靈王 21 年，孔子誕生於今山東曲阜縣。少而孤，貧且賤，子曰：「吾少也賤，故多能鄙事。」（《論語・子罕》）此事意指牧場和倉庫管理等職務。

孔子雖窮而有志，十五歲就立志于學，孔子之學，非天生而知之者，乃「好古敏以求之者也」（〈述而〉），孔子早年篤志，好學力行，自曰：「君子食無求飽，居無求安，敏於事而慎於言，就有道而正焉，可謂好學。」（〈學而〉）好學之道無他，「日知其所亡，月無忘其所能。」（〈子張〉）博學於文，約之以禮，持之以恆，學而不厭而已矣。三十歲即學有所成，自立固守，至四十歲，能明知事理，沒有迷惑，過五十歲，則知天命樂道，其時，做過司空和大司寇，再由大司寇行攝相事，有夾谷之會，歸還汶陽失地，誅少正卯，四方則之，路不拾遺。至六十歲，更能不思而得，物來順應，樂以忘憂，不知老之將至，六十有餘，自衛反魯，然後正樂，禮樂可述，以詩書禮樂教弟子，「子以四教，文行忠信。」（〈述而〉）雅言詩書執禮。（〈述而〉），學生三千，身通六藝者七十二人。修《春秋》，亂臣賊子懼，自曰：「後世知丘者以《春秋》，而罪丘者亦以《春秋》。」及七十歲，本心徹瑩；不勉而中，從容安行，游于聖域，于魯哀公十六年四月己丑卒，享年七十有三。

孔子集前賢往聖之大成，巍巍然為儒學定大基，其道廣大悉備，欲以簡明宗要，惟「仁」是之，孔子之學，仁學也。仁學乃繼承伏羲堯舜以及文武周公之道，《論語》多處記載孔子讚頌堯舜禹湯周公等之言詞，可見他心儀之深，嚮往之切，如〈泰伯〉子曰：「大哉堯之為君也，巍巍乎唯天為大，唯堯則

之，蕩蕩乎民無能名焉。巍巍乎，其有成功也，煥乎其有文章。」
（〈泰伯〉）開啟周代諸子百家之學，高明聖智，承上啟下。
孔子在中國文化史上佔最高地位，第一：孔子有教無類，使學
術大眾化，以教書為業，形成士的階級。第二：孔子立仁教。
第三：孔子刪詩書，定禮樂，贊《周易》，修《春秋》，使中
國文化繼往開來。其學為上古中國學術之融合，貫通實用與哲
理兩大思想[5]。孔子于五十歲以前，致力於實用之學，作踐仁工
夫，雅言詩書樂藝，晚年喜易，自學易以後，探闡哲理，完成
思想體系，子曰：「加我數年，五十以學易，可以無大過矣。」
（〈述而〉）孔子學說的思想體系，有體有用，涵備萬理，道
德、宗教、教育、政治，無不綜論，而以仁為學說核心，是一
貫之道。以仁為道德的最高原理，以仁為教育的最高目標，以
仁為政治的最高原則。茲簡論如下：

　　孔子的倫理思想以仁為中心，仁是實踐道德的最高原則，
純是人道主義，強調實踐的重要性，以忠恕孝弟信義等為踐仁
的德目。（關於孔子的道德哲學，另章詳言）

　　孔子的政治哲學，以正名為先，「子路曰：衛君待子而為
政，子將奚先？子曰：必先正名乎！」（《論語・子路》）是
德治主義，子曰：「為政以德，譬如北辰，居其所而眾星拱之。」
（〈為政〉）又曰：「道之以政，齊之以刑，民免而無恥。道
之以德，齊之以禮，有恥且格。」（〈為政〉）此二句最足以

---

5 熊十力說：「孔子之學，殆為鴻古時期，兩派思想之會通。兩派者，一、堯
　舜至文武之政教等載籍，足以垂範後世者，可稱為實用派。二、伏羲初畫八
　卦，是為窮神知化，與辯證法之導源，可稱為哲理派。」見（《原儒・原學
　統》）

代表孔子的政治思想,「道之以德,齊之以禮」是德化與禮治的政治,此種政治之理想,以達到「近者說(悅),遠者來。」為目標,若遠者怨而不服,則「修文以來之。既來之,則安之。」(〈季氏〉)安之有道乎?子曰:「道千乘之國,敬事而信,節用而愛人,使民以時。」(〈學而〉)此言為國之道共計五事:敬事、信、節用、愛人、使民以時。而以愛人為政治之根本,愛人者,仁也,故曰仁為政治的最高原則。為政者能愛人,自然「以惠養民」,〈公冶長〉曰:「其養民也惠」;「以正教民」;〈顏淵〉曰:「子帥以正,孰敢不正?」又曰:「以不教民戰,是謂棄之。」(〈子路〉);「以義使民」,〈公冶長〉曰:「其使民也義」又曰:「使民如承大祭」,「上好義,則民莫敢不服。」(〈子路〉)。養民、教民、使民,是施政三項目,而其最高之理想,是「無為而治」,「恭己正南面而已矣」,子曰:「無為而治者,其舜也與,夫何為哉?恭己正南面而已矣。」(〈衛靈公〉)

孔子的教育是仁的教育,有教無類,以仁教人,以仁化民,注重人格的培養,故謂之「人格教育」,其任務在養成理想的人格,以君子為表範,或謂之「君子教育」。孔子誨人不倦,以文行忠信教之,「主忠信、徙義、崇德。」(〈顏淵〉)「雅言詩書執禮。」(〈述而〉)子曰:「興於詩,立於禮,成於樂。」(〈泰伯〉)「詩可以興,可以觀,可以群,可以怨,邇之事父,遠之事君。」(〈陽貨〉)孔子對禮之教育亦甚重視,以為不學禮,無以立。(〈季氏〉)要學禮知禮,纔能復禮,而「克己復禮為仁」(〈顏淵〉),故謂:教育以仁為最高目標。

第二章　仁的實踐精神

　　孔子仁學以生命爲中心，最重「實踐精神」。孔子于晚年修《春秋》，本乎天道之仁德以評述三世社會，微言大義，撥亂世，求太平，立志開拓未來之理想文化與實現仁道，《春秋》不載空言，謂不如見之行事之深切著明。孔子終生所行何事？仁而已矣。仁本是實踐之事，而非文字語言之習。整部《論語》，教人行仁，成就德性，擇善固執，子曰：「三人行必有我師焉，擇其善者而從之，其不善者而改之。」（《論語・述而》）孔子常憂不善不能改，子曰：「德之不修，學之不講，聞義不能徙，不善不能改，是吾憂也。」（〈述而〉）

　　可知，孔子要人修德、講學、徙義、改過遷善，皆踐履之事，所謂「君子欲訥於言而敏於行」，正是仁的實踐精神，孔子又曰：「知之者，不知好之者，好之者，不如樂之者。」（〈雍也〉）這表明了樂道踐仁的真精神。[1]仁是體，要在于「行」，貴躬行，不貴談說，尚體驗，不尚知解。不像柏拉圖的「理型」（Idea），理型雖也是本體，只是理智思維、語言文字的產物，沒有血肉的概念。

1　熊十力說：「夫子非絕口不言仁體，只罕言耳，非上根利器，不可與言仁體，只隨機所觸，而示以求仁的工夫。《論語》所記，皆談工夫，無啓示仁體處，誠哉其罕也。」（《新唯識論》第 8 章第 539 頁）。

　　仁之實踐，要在力行，夫子勉之曰：「我未見好仁者，惡不仁者，好仁者，無以尙之，惡不仁者，其爲仁矣，不使不仁者加乎其身，有能一日用其力於仁矣乎，我未見力不足者，蓋有之矣，我未之見也。」（〈里仁〉）可見爲仁在己，若能持志奮力，效法天之健行，自強不息，踐仁易矣。孔子喻之曰：「譬如爲山，未成一簣，止，吾止也，譬如平地，雖覆一簣，進，吾往也。」（〈子罕〉）所以，仁是客觀的踐履之道，而非懸空蹈虛的空洞理念。須知，仁非但俱屬於人之內在精神與人格世界，更是人之所以爲人的本質，也是道德的總歸結點。[2]吾人只須保任至善的本心，再擴充此不忍人的惻隱之心，就可實現仁道。孔子即以禮樂的陶冶，孝弟忠恕信義等德目的提倡，實踐仁道。《中庸》說：「修身以道，修道以仁」，以及從修身到懷諸侯之九經，皆孔子踐仁的註腳。

　　要之，踐仁不僅是實踐客觀的人倫規範，更是「自我的實現」，自己成就人格道德，孔子曰：「爲仁由己，而由人乎哉！」（〈顏淵〉）。只須自覺爲善，仁體即現，苟能立志行仁，雖遭造次顛沛，唯有殺身以成仁，無求生以害仁。「殺身成仁」表現了生命的無限存在，成就了仁的至高意義，生命誠可貴，仁的價值更高，志士仁人就是從有限的生命中創造無限的仁的價值，表現了踐仁的最高精神。由於孔子創立仁教，把握仁的實踐精神，形成中國哲學以躬行實踐爲要義，不尙空談知解，不重文字語言。誠如朱子所說：「某此間講說時少，踐履時多，

---

2 所以，熊十力說：「中國哲學，於實踐中體現真理，故不尙思辯。西洋哲學，唯任理智思維，而能本之徵驗，避免空幻，但其探求本體；則亦以向外找東西的態度去窮索，乃自遠於真理而終不悟也。」（《讀經示要》卷二97頁）。

事事都用你自去理會，自去體察，自去涵養，書用你自去讀，道理用你自去究索，某只做箇引路底人，做得箇說明底人，有疑難處同商量而已。」（《朱子語類卷第十三・學七》）

第一節　仁的眞義

仁的意義，除上論「實踐精神」外，另有三點真義：

一、仁有内聖外王之義

內聖外王一語雖出於《莊子》，《莊子・天下》曰：「判天地之美，析萬物之理，察古人之全，寡能備於天地之美，稱神明之容，是故內聖外王之道闇而不明，鬱而不發。」但卻爲儒學之本義。所謂「內聖外王」，意指由己而人，從內達外之道。內聖之彰著，自孔子仁道始立，其學以顯明道德之本性，而爲道德實踐所達成之最高理想；外王者，即在客觀的政治方面，以王道治國平天下。所以，「內聖則以天地萬物一體爲宗，以成己成物爲用。外王則以天下爲公爲宗，以人代天工爲用。」[3]

易言之，內聖之學，止于窮理盡性至命，探萬化之根源；外王之學，至極乎位天地、育萬物，平天下。[4]孔子爲儒家初祖，

---

3 熊十力著《原儒・原外王》第54頁。
4 牟宗三以爲內聖之學之全部律度不過三語盡之：一、義理骨幹：天道性命相貫通。二、踐履歸宿：踐仁以知天，即成聖。三、踐履之最高境界：「大而化之」之化境。見《心體與性體》第一冊第256頁。

其學多見於《論語》，以仁爲宗，《論語》言仁之意，大抵可以內聖外王爲依歸，此種內聖外王之道，即是《論語》所謂「一貫之道」。子曰：

> 參乎，吾道一以貫之，曾子曰唯。子出，門人問曰何謂也？曾子曰：夫子之道，忠恕而已矣。」（〈里仁〉）

曾子最能體會孔子的一貫之旨，[5]一者，本心也，亦謂仁體，即孔子的仁教，曾子以忠恕昭明仁體，最善明狀，以忠恕說一貫，即以仁道說一貫。忠者，至誠無妄，盡己之謂也；恕者，推己及物，大公無私，行乎中正，可以終生行之者。所謂忠恕，《大戴禮記‧孔子答哀公問小辯》，可做爲忠恕之解釋，其言曰：「知忠必知中，知中必知恕，知恕必知外，知外必知德。」又曰：「內思畢心曰知中，中以應實曰知恕，內恕外度曰知外，外內參意曰知德。」

〈衛靈公〉曰：「子貢問曰：有一言而可以終生行之者乎？子曰：其恕乎，己所不欲，勿施於人。」己所不欲，勿施於人，僅是忠恕之道的消極面，更積極的說是己立立人，己達達人。要之，忠者，成己也；恕者，成物也，成己成物，內聖外王也。

---

5 孔子創立仁教，言一貫之道，其工夫在忠恕。何謂「一貫」之旨？牟宗三以爲一貫之旨當如下：一、不離經驗之學而必消化經驗之學以轉爲自己之智慧，決非只「多學而識之」，停于荀子所謂「雜而無統」者。此爲「一貫」之直接意義，乃與「雜而無統」相對揚，亦是「學而不思則罔，思而不學則殆」之意。二、一貫之實即仁道，體現仁道之真實而落實之工夫爲忠恕。三、德性生命之精進上之一貫即是踐仁以知天，孟子所謂「萬物皆備於我，反身而誠，樂莫大焉。」此爲內聖之一貫。四、仁教必涵攝政治上最高原則，此則「超越之自由主義」，物各付物，順個體而順成之「敞開之原則」。此爲內聖外王之一貫。然此一貫只是器識上的，不必亦不能限於一人而爲之。參閱《心體與性體》第一冊第270頁。

[6]孔子又曰：「仁者，安仁。」（〈里仁〉），「君子無終食之間違仁」（〈里仁〉），「回也，其心三月不違仁。」（〈雍也〉）。所謂「三月不違仁」[7]、「無終食之間違仁」，表示修養深厚，能夠長久保任仁體，所謂「安仁」，意謂仁者的個性仁厚，心安理得，爲人緘默，「仁而不佞」（〈公冶長〉），能夠「其言也訒」（〈顏淵〉），此皆仁者的內聖心境，仁者有此內聖心境，即可由內聖轉向外王，成就外王事業。

孔子的外王大業，以「天下爲公」的大同之治爲理想，孔子曰：「大道之行也，與三代之英，丘未之逮也，而有志焉。大道之行也，天下爲公：選賢與能，講信修睦。故人不獨親其親，不獨子其子；使老有所終，壯有所用，幼有所長，矜、寡、孤、獨、廢疾者皆有所養。男有分，女有歸，貨惡其棄於地也，不必藏於己；力惡其不出於身也，不必爲己。是故謀閉而不興，盜竊亂賊而不作；故外戶而不閉。是謂大同。」（《禮記・禮運》）此大同之治，即是外王的規模，孔子深深嚮往，欲以德治實現之，以德化人，以仁教民，行仁道于天下。這是道德與政治的融合，亦爲內聖與外王始終一貫的忠恕之道，建基于仁道之上，無一物而非仁也。[8]

---

6 方東美說。「從自我生命的體驗，轉而同情於他人的生命，和順於人人的生命，旁通於物物的生命，浹化於大道的生意。見到無一物無一人的生命及其善性，不與我的生命及其善性合體同流，這便是恕的功夫。」又說：「體忠恕以直透生命之原，合外內以存養生命之本，善由是生，仁由此成。這是儒家道德觀念的最勝義。」《人生哲學概要》第57頁。

7 熊十力說：「顏子三月不違仁。仁，本體也。三月，久詞也。雖能保任仁體，久而不違，然未能恒常不違，則本體猶未能卓爾呈露，非真透脫也，顏子且然，況其凡子。」《新唯識論》第八章〈明心上〉。

8 關於孔子的內聖外王之道，唐君毅在《中國文化之精神價值》一書中說：「孔

二、仁是本體，一本萬殊，有「即用顯體」之義

仁的體用關係可謂之「全體在用」、「全用在體」。從上述第一義中，吾人明白忠恕為仁體之用，仁是體，以忠恕為用。體者，本體也，西洋哲學之「實體」、佛學之「法性」、《周易》之「形而上」者，皆本體之別名；用之一詞，或曰作用亦云功能。孔子之學，以仁為體，仁是道德的本體，亦為宇宙萬物的本體，然而孔子未曾以言語來形容仁體，恐人玩弄光景。蓋仁非概念，不可界說。仁是體，本體無對，流行不息，至健至剛，其變化萬殊，名之為「用」，用是經驗世界中千差萬別的現象，用是體的顯發與實現，所以無體即無用，無用即無體。須知「即用顯體者，正要說明流行不息的功用，是無自體的。因為，尌就用上說，它是沒有自體。所以，即於用而見他的本體，譬如於繩子而見它是麻。如果把流行不息而乍現萬殊的功用，看做是有自體的，那麼，更用不著於用之外，再找什麼本體了。」[9]

所以，仁體非現象，無形相，無方所，無以為名，又是無聲無臭，寂靜不亂，此種至無至寂之仁體，生生化化其「即用顯體」之義，廣大深微，很難為一般言語說得，卻是涵備萬理，包含全德，肇化萬物，本然至善，絕對唯一，超越時空，恆久

子宗周攘夷，以興滅國，繼絕世，平天下，以為外王之道。教仁教孝，而期人之與天合德，為內聖之道。二者皆立人道之仁，以繼天道之仁，使天道之仁，流行於人道之中，而立太極於中國文化中之事也。」（《中國文化之精神價值》第405頁）

9 見熊十力著《新唯識論》卷上第四章〈轉變〉第46頁。

如常，圓融無缺，有無限的功能，萬殊的功用。它是道德的本
體，亦爲宇宙的本體，既超越又內在，即體即用，體用不分。
易言之，仁之本體與仁之工夫是分不開的，有本體即有工夫，
無工夫就無本體。孔子之學，正是從工夫顯露仁體，學者雖可
自識仁體，卻須在日常生活中作工夫，於人倫日用之間，隨順
自然而存養本心，不使習染妄作障礙之，涵養得通透，仁體便
自然呈露。

所以，孔子答門人問仁，只教人在事上用力，指點爲仁工
夫，孔子曰：「居處恭，執事敬，與人忠。」（〈子路〉）即
是人倫日用之工夫，人的日常生活，總不離「居處」、「執事」、
「與人」這些事。居處時，容恭貌溫，慎獨不欺，妄念不生，
仁就在居處；主事時，態度誠敬，無心要譽，仁就在執事；朋
友之交，與人忠，貞信不欺，仁就在與人。此恭敬忠三者皆工
夫，而恭敬忠之工夫即是仁，兩者二而爲一，不可分開。所謂
「即用顯體」，「即體即用」，「即用即體」之旨，皆可明矣。

三、仁有愛人惜物、天人合一之義

孔子以愛爲仁的根本義，仁者不僅愛人，更能愛物，樊遲
問仁，子曰：「愛人。」（〈顏淵〉）愛人是仁之用，仁者的
本心純善，自然能愛，當然成人之美，不成人之惡，與人爲善，
好善惡惡。愛人者，人恒愛之，則遠怨矣。子曰：「躬自厚而
薄責於人，則遠怨矣。」（〈衛靈公〉）愛人而薄責於人，不
僅遠怨，更可安人，安人有道，以修身爲本，「身修而后家齊，
家齊而后國治，國治而后天下平。」（《大學》首章）

關於此種修身齊家之道，《論語・學而》曰：

弟子入則孝，出則弟，謹而信，汎愛眾，而親仁。

孔子認為弟子以孝弟為先，孝弟是齊家之道，能孝弟而後汎愛眾。蓋孝弟乃人類至情至性之德，不容己而易行之事，孝弟以孝順自己的父母，友愛兄弟姊妹為修身齊家之道，所謂「仁者，人也，親親為大。」、「親親而仁民，仁民而愛物。」這是有差等的愛，以孝順父母為先，其次是友愛兄弟姊妹，再其次是汎愛眾，推恩及于天下人，最後是愛物。

此種順乎人類自然的愛，可以擴充發展，不僅「老吾老以及人之老，幼吾幼以及人之幼」，更使人不忘生命的本源，即是「不忘本」。所謂「不忘本」，不但愛自己的生命，同時也敬愛祖先及民族的生命。大而愛之，愛惜宇宙萬物的生命，不忍心摧殘萬物的生育，不摧折一草一木，不浪費一米一穀，所謂「正德、利用、厚生」，仁者於物，雖求利用，而以厚生為要，重其生生。仁者惜物，本乎「生德」，使萬物生生不息，使大自然處處鳥語花香一片和諧，物物均調，人處其境，物我無間，人與萬物為一體，人我兩忘，己物一貫，人生和自然打成一片，此乃「天人合一」之境界。

所以，仁是天人合一的妙機，仁有天人合一的最高意義，蓋仁是人之本心，天地之德，本心的感通，上達天地，原無間隔，又人有同情心，愛人無遺，惜物無害，體貼生命，「有與天地同情者，有與禽魚草木同情者。」（王夫之《詩廣傳》），能夠同情相感，真情相通，民胞物與，仁者之懷也。

值得注意的是，天人合一是中國哲學的一貫精神，中國哲學有非常圓融的天人關係。中國先哲的生命精神與宇宙萬物是

交感無間，和諧一致的，宇宙是大生命，人與物合體同流，人的生活不但充實自己的生命，同時增進宇宙的生命，《周易‧文言傳》曰：「夫大人者與天地合其德，與日月合其明，與四時合其序。」，張載〈西銘〉曰：「天地之塞吾其體，天地之帥吾其性。」，陸象山曰：「宇宙內事乃己分內事，己分內事乃宇宙內事。」（《象山全集》卷三十三）又曰：「宇宙便是吾心，吾心即是宇宙。」（同上，卷三十六），〈王陽明與黃勉之第二書〉云：「仁人之心與天地萬物為一體，訢合和暢，原無間隔。」等等，皆天人合一的崇高體認。

第二節　為仁之方與仁的事功

孔子以求仁為學，考見《論語》，皆言為仁之方，即求仁的功夫，顏淵問仁，子曰：

> 克己復禮為仁，一日克己復禮，天下歸仁焉，為仁由己，而由人乎哉！顏淵曰：請問其目？子曰：非禮勿視，非禮勿聽，非禮勿言，非禮勿動。顏淵曰：回雖不敏，請事斯語矣，」（《論語‧顏淵》）

孔子以為求仁的根本工夫，是自己以天理為主宰。易言之，禮者，大本，天理也，非儀則節文之謂也。識察己私，克去人欲，只須一念克己，不為旁人趨使，無須外界條件，日日戰勝欲望，事事求得合理，則天理流行，仁體當下呈露，即可天下歸仁，萬物皆備於我，渾然與物同體。大本已立，德目工夫有四，皆禁止己私之要，使日常生活合乎禮節，復禮而後仁。

孔子答顏淵問仁，是從本源之處以言工夫，由此所開出的第一步工夫，是立志于學，志於道，立志即工夫。志於學，依於仁，而後行，本是工夫的前後秩序，有此志向，即可成就學問道德，自然向外通達，行仁于天下。

行仁當以孝弟爲先，〈學而〉曰：「孝弟也者，其爲人之本與。」孝弟本乎天性，出自真情，亦爲人倫之基，乃「人之生命與父母兄弟生命之感通，即人之生命與他人之生命之感通之始也。」[10]故有子曰：「其爲人也孝弟，而好犯上者鮮矣，不好犯上，而好作亂者，未之有也。」所以，「君子篤於親，則民興於仁。」（〈泰伯〉）能順從此心，由內及外，是爲仁的第二步，乃忠恕之道，盡己之謂忠，推己及人之謂恕。〈雍也〉「子貢曰：如有博施於民，而能濟眾，何如，可謂仁乎？子曰：何事於仁，必也聖乎，堯舜其猶病諸。夫仁者，己欲立而立人，己欲達而達人，能近取譬，可謂仁之方也已。」

孔子指點子貢爲仁的大方向，是立達之道，在於成己成人，〈衛靈公〉又曰：

> 子貢問曰：有一言而可以終身行之者乎！子曰：其恕乎，己所不欲，勿施於人。

《中庸》亦曰：「忠恕違道不遠，施諸己而不願，亦勿施於人。君子之道四，丘未能一焉，所求乎子以事父，未能也；所求乎臣以事君，未能也；所求乎弟以事兄，未能也；所求乎朋友，先施之，未能也。」（《中庸》第13章）忠恕之道即是《大學》的絜矩之道，《大學》曰：「所惡於上，毋以使下；

---

10 唐君毅著《中國哲學原論 —— 原道篇》第81頁。

所惡於下，毋以事上；所惡於前，毋以先後；所惡於後，毋以從前；所惡於右，毋以交於左；所惡於左，毋以交於右，此之謂絜矩之道。」（《大學》第 10 章）孔子答子貢的爲仁之方，不僅言及仁之外在事功，且教子貢知能近取譬，勿慕博施濟眾，蓋博施濟眾，已是仁之極至，子貢專求外功，未知爲仁由己，孔子導外向內，使工夫由己落實，令其終生行恕。

　　恕有消極、積極二義，消極之恕，乃己所不欲，不施于人；積極之恕，則己之所欲，施之于人，而以己所不欲，勿施于人爲本，孔子答仲弓問仁，亦以此爲說，知人之所不欲及其所欲，然後推其所欲及於人，乃爲恕道，亦仁之術也。仁術由己達人，更通達天下之事，此即孔子告示子貢「己欲立而立人，己欲達而達人」之旨。須知，忠乃內心之誠，子曰：「君子不重則不威，學則不固，主忠信，無友不如己者，過則勿憚改。」（〈學而〉）爲人之道，惟在忠信，無忠信，如何能恕？故曾子曰：「吾日三省吾身，爲人謀而不忠乎，與朋友交而不信乎，傳不習乎。」（〈學而〉）爲人謀而忠，同于孔子答樊遲問仁之「與人忠」，與朋友交而信，意謂言者必行，實踐諾言，忠信之至者，生死以之，此皆恕道之表現，亦即依恕求仁之方。

　　孔子又曰：

> 出門如見大賓，使民如承大祭，己所不欲，勿施於人。
> 在邦無怨，在家無怨。（〈顏淵〉）

　　孔子此答仲弓之問仁，乃爲政之道，是謂仁者爲政，仁之於民，必有一禮敬之心，無論出門使民，持之以敬，又能恕以及物，則內外無怨矣，此種主敬行恕之道，即是以敬恕求仁之方，孔子又曰：「居處恭，執事敬，與人忠，雖之夷狄，不可

棄也。」（〈子路〉）孔子答樊遲問仁有三，以此最先，〈顏淵〉樊遲問仁，子曰：「愛人」；〈雍也〉樊遲問仁，子曰：「仁者先難而後獲，可謂仁矣。」總此三說而言，愛人是爲仁之本，能愛人，充無欲害人之心，而仁不可勝用，與朋友交，自然忠誠不欺，莊敬主事，不敢傲慢，居處從容，恭而安，此種恭己、愛人、忠信、敬事，須固守而勿失，自強不息於踐仁。

　　從上而知，孔子答門人問仁，皆指點爲仁之方，亦是自政事上說仁，而有種種愛人民、行仁政、成德治之事。子貢問爲仁，子曰：「工欲善其事，必先利其器，居是邦也，事其大夫之賢者，友其士之仁者。」（〈衛靈公〉）孔子告訴子貢敬事賢者，友仁德之士，以友輔仁，乃爲仁之資。此外，孔子亦答子張問仁，孔子曰：「能行五者於天下，爲仁矣，請問之，曰：恭寬信敏惠。恭則不悔，寬則得眾，信則人任焉，敏則有功，惠則足以使人。」（〈陽貨〉）

　　從本義而言，「敏乃勉于事，而原于對事之忠；惠乃以財物濟人，而原于對人之愛；寬在容眾而原于恕；恭近乎禮而原于敬；信則忠恕之極，此皆爲仁所連之德。」[11]而孔子專在政治上對人民之仁之功用而言。恭敬則不悔，寬厚則得眾，誠信則得人民信任，敏於事則有功，以財物濟人則足以使人。孔子立此五種德目，行之則無適而不通達。

　　然而，行仁亦有「爲之難」之時，司馬牛問仁，子曰：

　　仁者，其言也訒，曰：其言也訒，斯謂之仁矣乎？子曰：
　　爲之難，言之得無訒乎。」（〈顏淵〉）

---

11 唐君毅著《中國哲學原論原道篇》第83頁。

　　但是，只須以剛毅木訥之質，大公而力行，即可達之於仁。曾子曰：「士不可不弘毅，任重而道遠，仁以爲己任，不亦重乎，死而後已，不亦遠乎。」（〈泰伯〉）可知，爲仁踐仁，須有堅忍之志，果決之勇，擔當仁的重任，行之以致其遠。死而後已，表示爲仁之無窮矣。

　　爲仁之方即踐仁工夫，亦是下學而上達的「下學」，而踐仁以知天，下學而上達，與天契合，天人合一，是此工夫的最高境界。此外，踐仁、爲仁自有其事功、仁德或學藝的成就，仁之用于世者，即有事功之表現。然而，學藝與事功未嘗即仁之所在，弟子有才能學藝或事功者，孔子未許其仁，惟稱其德行、政事、文學之才能，子曰：「從我於陳蔡者，皆不及門也，德行：顏淵、閔子騫、冉伯牛、仲弓。言語：宰我、子貢。政事：冉有、季路。文學：子游、子貢。」（〈先進〉）

　　但是，孔子卻稱許管仲如其仁，雖言其器小而不知禮，〈八佾〉子曰：「管仲之器小哉，或曰：管仲儉乎？曰：管氏有三歸，官事不攝，焉得儉。然則管仲知禮乎？曰：邦君樹塞門，管氏亦樹塞門，邦君爲兩君之好有反坫，管氏亦有反坫，管氏而知禮，孰不知禮。」又〈憲問〉子路曰：「桓公殺公子糾，召忽死之，管仲之不死，曰未仁乎？子曰：桓公九合諸侯，不以兵車，管仲之力也，如其仁，如其仁。」。孔子又曰：「管仲相桓公，霸諸侯，一匡天下，民到于今受其賜，微管仲，吾其被髮左衽矣。」桓公以管仲爲相，管仲尊周室，攘夷狄，糾合諸侯，以正天下，伸張大仁大義，保衛國家民族，維護文化道統，人民得其利澤，故有仁的事功。

　　又《論語‧顏淵》「樊遲問仁，子曰：愛人。問知，子曰：

知人。樊遲未達，子曰：舉直錯諸枉，能使枉者直。樊遲退，見子夏曰：鄉也，吾見夫子而問知，子曰：舉直錯諸枉，能使枉者直，何謂也？子夏曰：富哉言乎，舜有天下，選於眾，舉皋陶，不仁者遠矣；湯有天下，選於眾，舉伊尹，不仁者遠矣。」仁之事功，以愛人為本，愛人是仁之施用，于仁之施用之間，亦須知人，而舉直錯諸枉是知之事，能使枉者直則是仁，孔子答樊遲之問，兼仁知而言，樊遲未達，問於子夏，子夏以「舜舉皋陶」、「湯舉伊尹」為例，說明仁之事功，言皋陶之相舜，伊尹之相湯，皆以仁化民，人化而為仁，所謂「使枉者直」，則未有不仁者，此亦成就仁之事功。

　　另外，〈微子〉記載微子去之，箕子為之奴，比干諫而死之事，孔子曰：殷有三仁焉。微子，紂之庶兄，見紂無道，去之，箕子、比干為此而諫，紂怒，殺比干、囚箕子，孔子稱之曰：殷有三仁，蓋三人皆至誠惻怛之心意，全其仁之德，求仁而得仁，是成仁的勇敢表現，此一成仁的最高成就，文山當之無愧。文天祥當元兵入寇，國勢危亡之秋，應勤王之詔，大義起兵，督師潮陽，兵敗為元將張弘範所執，服毒不死，囚於燕京四載，終不屈，乃棄市，死後得其衣帶贊曰：「孔曰成仁，孟曰取義，惟其義盡，所以仁至，讀聖賢書，所學何事？而今而後，庶幾無愧。」

　　又于獄中作〈正氣歌〉以自勉，〈正氣歌〉曰：

　　……是氣所旁薄，凜冽萬古存，當其貫日月，生死安足論，地維賴以立，天柱賴以尊，三綱實繫命，道義為之根……顧此耿耿在，仰視浮雲白，悠悠我心悲，蒼天曷有極。

文山以仁爲己任，其踐仁之大道，成仁之大節，光輝史冊，孔子曰：「志士仁人，無求生以害人，有殺生以成仁。」文山成仁取義，以身殉道，他的精神生命，永垂不朽，真謂之「時窮節乃見，一一垂丹青。」仁的事功亦無窮矣。

第三節　仁與諸德的關係

孔子的仁是諸德的總稱，仁爲全德，統攝諸德，而所謂諸德者，包括有：孝、弟、忠、恕、智、勇、恭敬、剛毅木訥、無欲、寬、信、義、禮樂等等。茲論仁與孝弟、仁與禮樂、仁與知勇聖、仁與剛毅木訥及仁與恭寬信敏惠之關係如下：

一、仁與孝弟

《論語・學而》有子曰：

> 其爲人也孝弟，而好犯上者鮮矣。不好犯上而好作亂者，未之有也。君子務本，本立而道生，孝弟也者，其爲仁之本與。

孝弟爲仁之本，即孝爲行仁的第一步，可知仁與孝弟有密切關係，〈泰伯〉曰：「君子篤於親，而民興於仁。」篤於親即是孝，君子孝親，則民德歸向仁厚，曾子亦曰：「慎終追遠，民德歸厚矣。」（〈學而〉）所以，仁與孝兩者不可分。

〈陽貨〉宰我問三年之喪，期已久矣，孔子責宰我之不仁，不仁即是不孝，〈陽貨〉曰：「宰我問三年之喪，期已久矣，

君子三年不爲禮，禮必壞；三年不爲樂，樂必崩，舊穀既沒，新穀既升，鑽燧改火，期可已矣。子曰：食夫稻；衣夫錦，於汝安乎？曰：安。汝安則爲之，夫君子之居喪，食旨不甘，聞樂不樂，居處不安，故不爲也，今汝安，則爲之。宰我出，子曰：予之不仁也，子生三年，然後免於父母之懷，夫三年之喪，天下之通喪也，予也有三年之愛於其父母乎？」

　　須知，中國文化是仁孝的文化，孔子曰：「夫孝，德之本也，教之所由生也。」（《孝經》第一章）百善孝爲先，人之行莫大於孝，而孝有三：「大孝尊親，其次弗辱，其次能養。」（《禮記・祭義》）。《論語》論孝，談尊親，以對父母的禮敬至孝之心爲重，〈爲政〉子游問孝，子曰：「今之孝者，是謂能養，至於犬馬，皆能有養，不敬，何以別乎。」又曰：「色難，有事弟子服其勞，有酒食，先生饌，曾是以爲孝乎。」（〈爲政〉）

　　另有孟懿子問孝，子曰：「無違，樊遲御，子告之曰：孟孫問孝於我，我對曰：無違。樊遲曰：何謂也？子曰：生，事之以禮，死，葬之以禮，祭之以禮。」（〈爲政〉）孔子所謂無違、色難皆禮敬以事親之婉容，至孝親情之流露。此外，孔子尙有多處言孝：〈里仁〉子曰：「父母在，不遠遊，遊必有方。」、「三年無改於父之道，可謂孝矣。」、「父母之年，不可不知，一則以喜，一則以懼。」、「事父母幾諫，見志不從，又敬不遠，勞而不怨。」〈爲政〉孟武伯問孝，子曰：「父母唯其疾之憂。」以上諸章皆言爲人子者，以父母之心爲心，以父母之志爲志，與父母痛癢相關，不辱父母，榮耀父母，則孝矣。

至於弟，孔子曰：

> 弟子入則孝，出則弟，謹而信，汎愛眾而親仁。（〈學而〉）

弟子出則弟，是恭而有禮的態度，〈顏淵〉司馬牛憂曰：「人皆有兄弟，我獨亡。子夏曰：商聞之矣，死生有命，富貴在天，君子敬而無失，與人恭而有禮，四海之內皆兄弟，君子何患乎無兄弟也。」君子與人，只須敬而無失，恭而有禮，則四海之內皆兄弟也，四海之內皆兄弟，即是仁者的胸懷。

二、仁與禮樂

〈八佾〉子曰：「人而不仁，如禮何？人而不仁，如樂何？」可知仁攝禮樂，仁與禮不可分。本來，禮的原始義，意指祭祀的儀節，《說文》曰：「禮，履也，所以事神致福也。從示從豐，豐亦聲。」所謂「事神致福」即是宗教祭祀的儀式。是萌於周初的新觀念，發展至西周及春秋時代，成為春秋時代一切道德行為的總依歸。孔子以為禮本於天道，以天理為源，先王承而制之，以治人事，子曰：「夫禮，先王以承天之道，以治人之情。」（《禮記・禮運》）

《論語》更以禮為仁的工夫，以禮節約束情感和行為[12]，〈顏淵〉顏淵問仁，子曰：

---

12 禮的觀念凡經過三個時期，第一：最初的本義是宗教的儀節。第二：禮是一切習慣風俗所承認的規矩。第三：禮是合於義理可以做行為模範的規矩，可以隨時改良變換，不限於舊俗古禮。見胡適著《中國古代哲學史・孔門弟子》第133頁。

克己復禮為仁，一日克己復禮，天下歸仁焉，為仁由己，
而由人乎哉。顏淵曰：請問其目。子曰：非禮勿視，非
禮勿聽，非禮勿言，非禮勿動。顏淵曰：回雖不敏，請
事斯語矣。

孔子以此語答顏淵，教其由克己而依於仁，能一日用力于
仁而仁即至，再于視聽言動之中而約之以禮，本此視聽言動之
禮，以向天下之人民，則天下歸仁矣。吾人從非禮勿視、非禮
勿聽、非禮勿言、非禮勿動之旨看，孔子以禮為生活的規範，
倫理的標準，並不重視禮儀的繁文縟節，〈八佾〉林放問禮之
本，子曰：「大哉問！禮，與其奢也寧儉；喪，與其易也寧戚。」
又曰：「祭如在，祭神如神在。」（〈八佾〉）孔子以為一般
的婚冠喜慶，與其奢侈浪費，寧可節儉省約，哭葬之禮，重其
內心的哀戚，以誠敬為主，孔子即以此種誠敬之心守禮。

〈鄉黨〉曰：「朝，與下大夫言，侃侃如也；與上大夫言，
誾誾如也。君在，踧踖如也，與與如也。」〈八佾〉曰：「子
入大廟，每事問，或曰：孰謂鄹人之子知禮乎？入大廟，每事
問，子聞之，是禮也。」孔子又曰：「君子無所爭，必也射乎，
揖讓而升，下而飲，其爭也君子。」（〈八佾〉）又曰：「居
上不寬，為禮不敬，臨喪不哀，吾何以觀之哉。」（〈八佾〉）

從上得知孔子的禮是發自內心誠敬的表現，而誠敬則是仁者
的心情，所以，吾人可言：「禮是仁的外貌，仁是禮的內容，仁，
沒有禮則變為野，變為婢；禮，沒有仁則變為偽，變為過。」[13]

至於樂，與禮同為孔子之教化，子曰：「興於詩，立於禮，

---

13 見羅光著《中國哲學思想史（一）》第242頁。

成於樂。」（〈泰伯〉）孔子深明樂理，〈八佾〉子語魯大師
樂曰：「樂可知也，始作翕如也，從之如純也，皦如也，繹如
也，以成。」他對音樂的教化是正樂，放鄭聲、贊韶舞，子曰：
「吾自衛反魯，然後樂正，雅頌各得其所。」又曰：「樂則韶
舞，放鄭聲。」（〈衛靈公〉）〈八佾〉曰：「子謂韶，盡美
矣，又盡善也。」〈述而〉曰：「子在齊聞韶，三月不知肉味。」
鄭音是淫亂之音，孔子放之，韶舞是舜樂名，音律和平，莊嚴
肅穆，含有渾厚的道德意義，此種內涵道德的樂，即以仁為基
礎，《禮記‧儒行》曰：「歌樂者，仁之和也。」

三、仁與智勇聖

　　孔子論仁，亦常與智勇聖並言，〈子罕〉子曰：

　　　知者不惑，仁者不憂，勇者不懼。

　　又〈憲問〉子曰：「君子道者三，我無能焉：仁者不憂；
知者不惑，勇者不懼。」知者不惑，謂智足以明理知人而不迷
惑，知賢愚好惡，能好人惡人而不過，惡不仁者而遠之，即是
智。因此，「智須兼知賢愚善惡之正反兩面，而辨別之，並擇
其賢者與善者以從之，而於賢者善者之不同種類，不同程度者，
亦賴智為之辨。」[14]

　　所以，吾人可自對己、對人、對事三方面而言智，「知之
為知之，不知為不知」是知己之智；「里仁為美，擇不處人，
焉得知？」（〈里仁〉）是知人之智，「樊遲問知，子曰：知

---

14 見唐君毅著《中國哲學原論原道篇》第98頁。

人。」此亦知人之智，乃自政事之用人、知人而言；又孔子曰：「務民之義，敬鬼神而遠之。」（〈雍也〉）則是就事而言智。須知，智以輔仁，智是為仁的手段，仁者不可無知，無知則不得為仁，〈公冶長〉子張問令尹子文？孔子曰：忠矣，仁矣乎？曰：未知，焉得仁；又問陳文子，孔子曰：清矣。曰：仁矣乎？曰：未知，焉得仁。」智有如此大的作用，故〈里仁〉曰：「知者利仁」，此言仁必待於智而後利，朱子釋之曰：「知者，則利於仁而不易，所守蓋雖深淺之不同，然皆非外物所能奪矣。」[15]

　　至於仁與勇的關係，〈憲問〉曰：「仁者必有勇，勇者不必有仁。」又曰：「勇者不懼」，勇者所以不懼，蓋欲行其仁，故必有勇，而有勇者，未必有仁，其行或出於己私欲望，故勇則見於對「阻礙人之為仁者」之無所畏懼，並當求合乎人所知之義。[16]可知，仁與智勇的關係相當深密，子貢更以「仁且智」贊孔子之聖，〈公孫丑〉子貢曰：「學不厭，智也，教不倦，仁也，仁且智，夫子既聖矣。」學不厭是智的表現，轉化而成其為智，教不倦是仁者的教澤，轉化而成其為仁，子貢以「仁且智」贊不厭不倦，並以「仁且智」謂之聖，甚為真諦，孔子亦有此仁與聖的自覺，〈述而〉子曰：「若聖與仁，則吾豈敢，抑為之不厭，誨人不倦，則可謂云爾已矣。公西華曰：正唯弟子不能學也。」又曰：「默而識之，學而不厭，誨人不倦，何有于我哉？」（〈述而〉）不厭不倦，表示德性生命的精進不已，仁聖即在其中矣。

---

15 見朱熹《四書集註・上論卷二里仁》。
16 見唐君毅著《中國哲學原論原道篇》第98頁。

四、仁與剛毅木訥

〈子路〉子曰：「剛、毅、木、訥近仁。」剛毅木訥之德近乎仁，即與仁有關，此四種德性，意指仁者的氣象，言其內在的仁德。剛者，無欲也，毅者，果敢有為，意志堅強，能剛毅則不屈於物欲。木者，質樸之謂也；訥言，言語遲鈍，表示慎言的態度，與訂同義。剛是公正不阿，堅強不屈，不為欲望的趨使，不受物質的引誘，孔子嘆曰：「吾未見剛者，或對曰：申棖。子曰：棖也欲，焉得剛。」（〈公冶長〉）可知欲與剛正相反義，剛者不屈於欲，而棖多嗜慾，多慾則無剛。

當然，人皆有欲，而于欲望與義理二者不可得兼之時，能捨欲望而取義理，〈里仁〉曰：「富與貴，是人之所欲也；不以其道得之，不處也。貧與賤，是人之所惡也，不以其道得之，不去也。君子去仁，惡乎成名？君子無終食之間違仁，造次必於是，顛沛必於是。」此章言人若貪富貴，不擇手段而取之，即是多慾，多慾則自去其仁，即是不仁，就不成為君子。君子無終食之間違仁，于危急流離之際，依然安於仁而不違，乃剛毅寡欲的存養之功。

所以，孔子稱讚顏回的寡欲，〈雍也〉子曰：

> 賢哉回也，一簞食，一瓢飲，在陋巷，人不堪其憂，回也不改其樂。賢哉回也。」又曰：「回也，其心三月不違仁。」（〈雍也〉）

顏回之賢，在于無欲，無欲則安於仁，故能澹泊寧靜，不改其樂。至於木訥，木者，質直敦厚，樸實無文，不尚華麗。

〈顏回〉孔子答子張曰：「夫達也者，質直而好義，察言而觀色，慮以下人，在邦必達，在家必達。」質直即是木的意思，表示樸質正直；知好義而行之德。而訥是訥於言，慎於言，唯恐言過其行，〈憲問〉子曰：「君子恥其言而過其行。」又曰：「古者，言之不出，恥躬之不逮也。」（〈里仁〉）

　　君子訥言，不隨便說話，不輕易出口而敏於行，〈里仁〉曰：「君子欲訥於言而敏於行。」所以，訥與訒同義，〈顏淵〉曰：「司馬牛問仁，子曰：仁者，其言也訒。曰；其言也訒，斯謂之仁矣乎？子曰：為之難，言之得無訒乎？」為人木訥訒言，其人必有仁德，是仁而不佞者，〈公冶長〉曰：「或曰：雍也，仁而不佞。子曰：焉用佞，禦人以口給，屢憎於人。不知其仁，焉用佞。」故曰：訒者訥也。仁與訥之關係可知矣。

五、仁與恭寬信敏惠

〈陽貨〉曰：

> 子張問仁於孔子。孔子曰：能行五者於天下，為仁矣。
> 請問之，曰：恭寬信敏惠：恭則不侮，寬則得眾，信則人任焉，敏則有功，惠則足以使人。

　　恭寬信敏惠皆履仁之方，各為仁德的一端。恭是恭己的態度，亦為敬德之容，包括容態的端正及心意的真誠，子曰：「居處恭」（〈子路〉）。寬是居上者愛人之本，居上不寬，則不能得眾，寬則眾附歸之，孔子曰：「先有司，赦小過，舉賢才。」赦小過，即是寬以待人，〈微子〉曰：「周公謂魯公曰：君子不施其親，不使大臣怨乎不以，故舊無大故，則不棄也，無求

備於一人。」亦是寬厚待人的態度。

　　然而，居上之君子，寬嚴亦須恰當，寬則當寬，嚴亦當嚴，是爲寬的正當態度。信是敬事而信的「信」，〈學而〉子曰：「道千乘之國，敬事而信，節用而愛人，使民以時。」敬事而信是辦事認真，講求信用，自然得到人民的信任，所以，爲政者必須不失信於民，無信則民不立，〈顏淵〉子貢問政，子曰：「足食，足兵，民信之矣。子貢曰必不得已而去，於斯三者何先？曰：去兵。子貢曰：必不得已而去，於斯二者何先？曰：去食，自古皆有死，民無信不立。」

　　〈子張〉子夏亦曰：「君子信而後勞其民，未信，則以爲厲己也，信而後諫，未信，則以爲謗己也。」可知信之重要。敏是「敏於事」、「敏於行」的敏，敏是行動敏捷，辦事快速，能夠做事勤敏，則多成功矣。至於惠，惠者，仁也。（《劉氏正義》）惠是君子之道，以恩惠待人民，則足以使人，〈公冶長〉曰，「子謂子產，有君子之道四焉，其行己也恭，其事上也敬，其養民也惠，其使民也義。」養民也惠，即是愛民以惠，〈堯曰〉曰：「因民之所利而利之，斯不亦惠而不費乎？」此言利民之政，無費於財，教民生產，乃最佳之惠。

第四節　仁者的心境與氣象

　　孔子一生情切於日常生活中求仁，亦在日常生活中表現仁德，他的生活只是自然老實，心情愉快，容貌舒泰。《論語·鄉黨》總記孔子的日常生活，分別記述在鄉黨、宗廟朝廷等之

禮儀，顏貌之不同，飲食之節制，居鄉之誠敬，事君之禮節，交友之誠意等等，無時無地，處處顯仁，所謂天機流露，天理流行，「時哉時哉」。〈述而〉曰：「子之燕居，申申如也，夭夭如也。」孔子欲仁而得仁，〈述而〉曰：「仁遠乎哉，我欲仁斯仁至矣。」，這表示仁非外界之物，而在己心之內，本是當下即在，當下即是者，所以，孔子的人格高潔，心安理得，不憂不懼。實則，吾人苟能深切體認孔子學說的真諦，首當了解其人格。

　　孔子的人格精神無限偉大，使人對他表露嚮往敬仰之情，子貢曾禮讚地答覆他人之問曰：「譬之宮牆，賜之牆也及肩，窺見家室之好。夫子之牆數仞，不得其門，不見宮廟之美，百宮之富，得其門者寡矣。」又曰：「夫子之不可及，猶天之不可階而升也。」（〈子張〉）最得孔子心傳的顏淵也讚嘆曰：「仰之彌高，鑽之彌堅，瞻之在前，忽焉在後。夫子循循然善誘人，博我以文，約我以禮，欲罷不能，既竭吾才，如有所立卓爾，雖欲從之，末由也已。」孟子更讚之曰：「自生民以來，未有盛于孔子者也。」（〈公孫丑上〉）

　　何以孔子備受尊崇，只是他的人格精神真誠惻怛而已[17]，能夠涵攝萬有，直接與他人他物相感通，以既超越又內在，既高明又博厚的至誠精神，成人文，載萬物，贊天地之化育，肯定一切，實行教化。他的人格精神崇高偉大，永恆無限，譬如天地之無不持載，無不覆幬，《中庸》讚之曰：

---

17 唐君毅說：「夫孔子之精神，即超越的涵蓋持載精神，亦即一絕對之真誠惻怛。誠之所至，即涵蓋持載之所至，亦即超越有限之自我，以體現無限之精神之所至。」見《人文精神之重建》第23頁。

> 仲尼祖述堯舜，憲章文武，上律天時，下襲水土。譬如
> 天地之無不持載，無不覆幬。譬如四時之錯行，日月之
> 代明。萬物並育而不相害，道並行而不相悖。小德川流，
> 大德敦化，此天地之所以為大也。」(《中庸》第31章)

　　孔子的人格如此感人，其內心之志向與性情必有可觀可學
之處，《論語・衛靈公》曰：「志士仁人，無求生以害仁，有
殺身以成仁。」意指志於成德之士，為成就仁德而有捐軀捨命
者，志士仁人只是實踐此心之仁德，夫子以此自勉勉人，子曰：
「民之於仁也，甚於水火，水火吾見蹈而死者矣，未見蹈仁而
死者也。」(〈衛靈公〉)孔子以為仁在己身，行之無害，仁
雖同于水火，為民所依賴，不可一日或缺，然水火有害人之時，
而仁則至善，且行之甚易，人人可為。此為仁之志，不可奪去，
子曰：「三軍可奪帥也，匹夫不可奪志也。」(〈子罕〉)又
曰：「苟志於仁矣，無惡也。」(〈里仁〉)，苟能心志行仁，
惡自滅，欲自消。

　　孔子自述一生經歷曰：

> 吾十有五而志於學，三十而立，四十而不惑，五十而知
> 天命，六十而耳順，七十而從心所欲不踰矩。

　　可知，孔子早年就立志為學，心懷大志，他的心志高遠，
〈公冶長〉曰：「顏淵、季路侍，子曰：盍各言爾志？子路曰：
願車馬衣輕裘與朋友共，敝之而無憾。顏淵曰：願無伐善無施
勞。子路曰：願聞子之志，子曰：老者安之，朋友信之，少者
懷之。」孔子能夠總持安老、懷少、友信三者兼而有之之志，
是仁者的心志。

　　孔子有仁者的心志，他所表現的態度又是如何呢？態度有

內外之分，內在而爲其心境，外顯而成其氣象，總持言之，可以「知其不可爲而爲之」（〈憲問〉）代表孔子的整個人生態度，亦是他整體生命的大悲情，此情不容己，當下愛人惜物，他的性情通體是仁慈與德慧，他的態度是人類的極則，「仁以爲己任」（〈泰伯〉），「當仁不讓於師」（〈季氏〉），行忠恕之道，子曰：「不怨天，不尤人，下學而上達，知我者其天乎！」（〈憲問〉）

　　孔子不怨不尤，只是下學，自然上達，蓋惟有下學，所以成智，惟能上達，可以爲仁，獨知上天之妙，與天相感通，由人道通達天道。所謂「下學人事，便是上達天理。」（《四書集註・論語卷七》）孔子自述曰：

　　其爲人也，發憤忘食，樂以忘憂，不知老之將至。」（〈述而〉）

　　孔子好古敏求，于未得之道，未安之理，終日發憤忘食，以求心知。若得心契則默識之，自得其樂，安貧忘憂，不知老之將至。孔子又曰：「默而識之，學而不厭，誨人不倦，何有於我哉。」（〈述而〉）又曰：「若聖與仁，則吾豈敢，抑爲之不厭，誨人不倦，則可謂云爾已矣。」（〈述而〉）

　　孔子謙遜，不敢以仁聖自居，而終生以仁聖自爲誨人，不厭不倦，更是栖栖皇皇，求仁道行于天下，雖知「道之不行」，「知其不可爲而爲之」，路遭楚狂接輿笑而趨避，不得與之言，長沮桀溺耰而不輟，孔子憮然嘆曰：「鳥獸不可與同群，吾非斯人之徒與而誰與，天下有道，丘不與易也。」（〈微子〉）他憂道的心情，無窮深遠，對著不盡的川流，只有喟然嘆曰：「逝者如斯乎，不舍晝夜。」（〈子罕〉）孔子的川上之嘆，

表現他獨特的心智，顯露了自強不息，純亦不已的永恆心境，此一心境，只是真誠惻怛，仁而已矣。

子曰：

> 君子無終食之間違仁，造次必於是，顛沛必於是。（〈里仁〉）

君子終生為仁，雖一飯之頃，困頓流離之際，亦不違逆本心，涵養益深，工夫愈篤，終可不憂不懼，安貧樂道，敦篤仁厚。子曰：「知者樂水，仁者樂山，知者動，仁者靜，知者樂，仁者壽。」（〈雍也〉）又曰：「仁者不憂」（〈子罕〉）蓋仁者安仁，可以久處約，可以長處樂。仁者以仁存心，安寧不亂，無適不然，故能安、靜、壽，自樂而忘富貴，〈述而〉子曰：「飯疏食飲水，曲肱而枕之，樂亦在其中矣，不義而富且貴，於我如浮雲。」

蓋仁人之心，渾然天理流行，雖遭困頓，不改其樂，漠視不義之財富，心忘富貴，知足常樂，《論語》記述此一和諧的至上化境曰：「子路、曾皙、冉有、公西華侍坐。子曰：以吾一日長乎爾，毋吾以也。居則曰：不吾知也，如或知爾，則何以哉？子路率爾而對曰：千乘之國，攝乎大國之間，加之以師旅，因之以饑饉，由也為之，比及三年，可使有勇，且知方也。夫子哂之，求爾何如？對曰：方六七十，如五六十，求也為之，比及三年，可使足民，如其禮樂，以俟君子。

赤爾何如？對曰；非曰能之，願學焉，宗廟之事，如會同，端章甫，願為小相焉。點爾何如？鼓瑟希，鏗爾，舍瑟而作，對曰：異乎三子者之撰。子曰：何傷乎！亦各言其志也。曰：莫春者，春服既成，冠者五六人，童子六七人，浴乎沂，風乎

舞雩，詠而歸。夫子喟然歎曰：吾與點也。」（〈先進〉）曾
皙說：暮春三月時節，穿上春天的服裝，約五、六個成年人，
六、七個小孩子，到沂水邊沐浴，在舞雩台上吹涼風，然後一
路唱著歌回家。孔子認同曾皙的生活情趣。

孔子之「吾與點也」，是一種快樂活潑，輕鬆喜悅的欣然
情趣，有詩人之樂，這種安和舒泰、胸懷灑落的舞雩歌詠，乃
與自然相感通之情，使自己生活在大自然之中，渾然物我一體，
心境常樂，生活充盈，生命實美，自得上達之妙，實是人生最
高的境界。朱子曰：「曾點之學，蓋有以見夫人欲盡處，天理
流行，隨處充滿，無少欠闕，故其動靜之際，從容如此，而其
言志則又不過即其所居之位，樂其日用之常初，無舍己為人之
意，而其胸次悠然，直與天地萬物上下同流，各得其所之妙，
隱然自見於言外。」（《論語卷六·先進·朱熹註》）

從以上所述的仁者心境而觀，即可昭顯仁者的外在氣象，
子曰：「剛毅木訥近仁。」（〈憲問〉）又曰：「巧言令色鮮
矣仁。」（〈學而〉）「仁者必有勇。」（〈憲問〉）可見仁
者的氣象只是質樸堅毅，見義勇為，心不外馳，溫和恭敬，《論
語·述而》曰：「子溫而厲，威而不猛，恭而安。」這種溫和
氣象猶如和風慶雲，厲如泰山之重，「威而不猛」，像是天威
氣象，恭而安者，中和之氣。仁者的胸次寬廣，心廣體胖，無
時無地不是「望之儼然，即之也溫，聽其言也厲。」（〈子張〉）
「望之儼然」即是天地氣象，顏淵喟然讚嘆此一天地氣象曰：
「仰之彌高，鑽之彌堅，瞻之在前，忽焉在後。」（〈子罕〉）

孔子亦自覺有此天地氣象，自道曰：「知我者，其天乎。」
（〈憲問〉）「予欲無言」（〈陽貨〉）「天何言哉？四時行

焉，百物生焉，天何言哉？」（〈陽貨〉）這表示孔子的生命，上達天道，默契天命，是天地的氣象；又懷抱著歷史文化，更是聖人的氣象，《論語》記載子畏於匡曰：「文王既沒，文不在茲乎？天之將喪斯文也，後死者不得與於斯文也。天之未喪斯文也，匡人其如予何？」（〈子罕〉）孔子雖畏於匡，尚以斯文自任，繼承道統，雖謙辭「述而不作，信而好古，竊比於我老彭。」（〈述而〉）然而他刪詩書，定禮樂，贊《周易》，修《春秋》，集先賢之大成，對中國文化之功已達不朽之境。

　　總之，孔子的氣象是天地的氣象，亦為聖人的氣象，綜觀其人格、志學、態度、心境、氣象，誠如《周易》所謂「日新之謂盛德，富有之謂大業。」之偉大規模差可讚喻。

第三章　仁的形上基礎

「形而上」一詞，出自《周易・繫辭上傳》，〈繫辭上傳〉曰：

> 形而上者謂之道，形而下者謂之器。（〈繫辭上傳〉第
> 12章）

「形而上」為無形體者，故謂之道；「形而下」乃有形體者，是謂之器。而論形而上之學乃謂「形上學」（Metaphysics）。形上學本是西洋哲學，是研究實體本性之學，是論存有（being）之學，它談及最普遍的對象，因此，所得出的結論是最基本的原理。所以，形上學是一切學問最重要的基礎，一切學問的普遍性、堅定性與合理性，皆基於形上學。以前的儒者雖未曾用過形上學之名，然而，儒學確有形上的根據，儒家形上學的根據，當然是《周易》，孔子學說的本源，就在《周易》，孔子的仁道哲學即由《周易》之闡揚，發展至《中庸》的誠道，奠定了仁的形上基礎，成就了仁道哲學之高明、悠久、超越與普遍。

第一節　仁與「性與天道」

一、孔子以前之人性論與天命觀

（一）孔子以前之人性論

子貢曰：

夫子之文章，可得而聞也。夫子之言性與天道，不可得而聞也。（《論語・公冶長》）

性字在古代，早已流行，為何夫子之言性與天道，不可得而聞？欲明此因，尚先探究古代有關性字的意義。在孔子以前，性字大都作「生」字解，意指人生即有的欲望或本能，吾人受命以生，形成具體的個人生命，此謂之生；人本天命或依天命而立，即生命的先天稟賦，就是性。性字在中國哲學史上，皆作生字解，自先秦以迄漢唐，很少例外。實則，性字乃由生字孳生而來，生字在先，性字後出，生與性有密切之關連，從最早期的用字來說，必先有生字用作性字，然後再演變出性字。易言之，天地之大德曰生，生生不息，「生」是天地之德；「性」是人我共通，而內在于人，為我所有者，徵之古籍，吾人以《詩經》、《尚書》、《左傳》三書，言孔子以前之人性論。

1、《詩經・大雅》：「伴奐爾游矣，優游爾休矣。豈弟君子，俾爾彌爾性，似先公酋矣。爾土宇昄章，亦孔之原矣。豈弟君子，俾爾彌爾性，百神爾主矣。爾受命長矣，茀祿爾康矣。豈弟君子，俾爾彌爾性，純嘏爾常矣。」《詩經・大雅》卷阿有三個性字，似乎在其時代，性字尚未流行。此性字，意指「欲望」而言[1]，表示人生即有的本能，「彌爾性」即滿足其欲望。

2、《尚書・周書・召誥》：「王來紹上帝，自服于土中。旦曰：『其作大邑，其自時配皇天；毖祀于上下，其自時中乂。王厥有成命，治民今休。』王先服殷御事，比介于我有周御事。

---

1 徐復觀著《中國人性論史》第 10 頁，台灣商務印書館。

節性，惟日其邁；王敬作所，不可不敬德。」。節性之「性」字，即人生自有的欲望或本能。節性是不放縱，節制驕淫之性。

3、《尚書·周書·西伯戡黎》：「西伯既戡黎，租伊恐，奔告于王。曰：『天子！天既訖我殷命；格人元龜，罔敢知吉。非先王不相我後人，惟王淫戲用自絕。故天棄我：不有康食，不虞天性，不迪率典。』」。此天性是生命自然的常態，亦即生活應有的常規。天要棄我，就有疫癘天災，使人民失其常態，盲目亂行，不從法典。

4、《春秋左傳·襄公十四年》：師曠侍於晉侯，答晉侯衛人出其君。曰：「天生民而立之君，使司牧之，弗使失性。有君而為之貳，使師保之，勿使過度。是故天子有公，諸侯有卿，卿置側室。大夫有貳，宗士有朋友，庶人工商皂隸牧圉，皆有親暱，以相輔佐也。⋯⋯天之愛民甚矣，豈其使一人肆於民上，以從其淫，而棄天地之性，必不然矣。」（《左傳》第130頁）。失性是人民的欲望不能滿足。此處之「性」，意指「欲」而言。「弗使失性」是使人民生活滿足，各遂其生，各適其性。天地之性，則有超越之意，言天地以愛民為性，是就天地之心言性。

5、《春秋左傳·襄公 26 年》：子產批評楚子伐鄭，曰：「晉楚將平，諸侯將和，楚王是故昧於一來，不如使逞而歸，乃易成也。夫小人之性，釁於勇，嗇於禍，以足其性，而求名焉者，非國家之利也，若何從之？」（《左傳》第一百五十二頁）。「小人之性」意指人民的本性；「以足其性」是滿足其欲望。「小人之性」的「性」是本性；「以足其性」的「性」是欲望。

　　6、《春秋左傳‧昭公 8 年》：「八年，春，石言于晉魏
榆。晉侯問於師曠曰：石何故言？對曰：石不能言，或馮焉。
不然，民聽濫也。抑臣又聞之曰：作事不時，怨讟動于民，則
有非言之物而言。今宮室崇侈，民力彫盡，怨讟並作，莫保其
性，石言不亦宜乎？」（《左傳》第 188 頁）。「莫保其性」
是莫保其生，此「性」應作「生」字解。

　　7、《春秋左傳‧昭公 25 年》：「夫禮，天之經也，地之
義也，民之行也。天地之經，而民實則之，則天之明，因地之
性，生其六氣，用其五行。氣為五，發為五色，章為五聲。淫
則昏亂，民失其性。……民有好惡喜怒哀樂，生于六氣。……
哀樂不失，乃得協于天地之性，是以長久。」（《左傳》第 219
頁）。民失其「性」，此性意指生命本然而有者，如好惡喜怒
哀樂之情。天地之「性」，此性有道德和超越的意義。天地以
禮為性，此言超乎「自生言性」。這段話相當重要，指出天地
之性與人性的關係，開啟了後儒言超越及道德之性。

（二）孔子以前之天命觀

1、周初詩書中的天命觀

　　孔子所謂「天」、「天道」或「天命」，乃繼承《詩經》、
《尚書》中的天、帝、天命而來，這是歷史文化的傳統。中國
哲人言天或命，皆同源於《詩經》、《尚書》中之宗教意味的
天命思想。天在《詩經》、《尚書》中亦名為帝、上天或昊天
等，皆表示至高無上的唯一尊神，它的涵義，大約有五：

　　（1）天為主宰之神，具意志，降命於人：《尚書‧大誥
王若》曰：「猷，大誥爾多邦，越爾御事。弗弔，天降割于我

家，不少延。……敷賁，敷前人受命，茲不忘大功，予不敢閉于天降威用。

（2）天為至高尊神：《詩經・大雅》：「皇矣上帝，臨下有赫，監觀四方求民之莫。」

（3）天為無形之體，浩浩蕩蕩，至大無限：《詩經・大雅》：「上天之載，無聲無臭。」，〈雨無止〉：「浩浩昊天，不駿其德。」

（4）天能知一切，無所不能：《詩經・抑》：「昊天孔昭，我生靡樂。」

（5）天始終常存，其道無窮：《詩經・維天之命》：「維天之命，於穆不已。」、《尚書・大誥》：「天命不易。」

以上五點，自有先後秩序，最古代的天，是有意志的人格神，如上第一點所述，它降命於人，主宰一切，監督善惡，如《尚書・皋陶謨》：「無曠庶官，天工人其代之。天敘有典，敕我五典五惇哉，天秩有禮，自我五禮有康哉。同寅協恭和衷哉。天命有德，五服五章哉，天討有罪，五刑五用哉。」。〈商書・湯誓〉：「非台小子，敢行稱亂，有夏多罪，天命殛之。」，〈高宗肜〉曰：「惟天監下民，典厥義。降年有永有不永，非天夭民，民中絕命。」到後來，天敘、天秩、天命、天討等超越的觀念有了大轉變，成為無聲無臭、於穆不已的自然法則。如《詩經・文王》：「上天之載，無聲無臭，儀刑文王，萬邦作孚。」。

在古代思想裏，與天有密切關連者，即是「命」，《尚書・召誥》：「嗚呼！若生子，罔不在厥初生；自貽哲命。今天其命哲，命吉凶，命歷年。知今我初服，宅新邑，肆惟王其疾敬

德。王其德之用，祈天永命。」，《詩經·敬之》：「敬之敬
之，天維顯恩，命不易哉。」。從《詩經》、《尚書》中言天
與命合看，皆言天有命，國家人民亦皆有命，形成了《詩經》、
《尚書》中的天命觀，此種天命思想之具體形成，是在周初。
周初的天命觀之最大特徵：即「天命靡常」的觀念[2]，《詩經·
文王》：「侯服于周，天命靡常」。

　　所謂「天命靡常」，意指上天並非命定何人永居王位，而
隨時可降新命，以命新人為王。所以，「周雖舊邦，其命維新，
有周不顯，帝命不時。」（《詩經·大雅》），上天降命於人，
是依據人自身的德行而作決定，《尚書·康誥》：「惟乃丕顯
考文王，克明德慎罰，不敢侮鰥寡，庸庸，祗祗，威威，顯民……
天乃大命文王，殪戎殷誕受厥命。」，故有「天命不易」的觀
念，人失了德，天命即轉向他人。如此，天命成了不可信賴，
神也不能依賴了，周初的天命觀，漸由傳統宗教中解脫出來。

　　所以，天之命於人也，勉人修德，人之修德在先，上帝聞
之，降命於人。故《詩經》、《尚書》重言文王受命，文王的
為人，小心謹慎，「有德無邪，亹亹文王，令聞不已。」（〈大
雅〉），他的德行出於真誠，態度莊敬，「穆穆文王，於緝敬
上，假哉天命。」「（〈大雅〉），他的德行深遠，誠敬不已。
所以，天乃大命文王，成就至大的天命，「儀刑文王，萬邦作
孚。」（〈大雅〉），其德配天，一言一行，皆在上天的左右，
〈大雅〉曰：「文王在上，於昭于天……文王陟降，在帝左右。」
從《詩經·大雅》看文王與天的密切關係，明示上天通過文王

---

2 唐君毅著〈先秦思想中之天命觀〉，《新亞學報》第2卷第2期第4頁。

深遠的德行而顯理，文王成爲天命的具體內容。所以，人要聿
修厥德，敬德不已，則天將愈降命於人，其人自得永命，天與
人皆精誠不息，即「上天之命令呼召不已，而文王之以明德回
應之事亦不已。」[3]

2、春秋時代的天命觀

周初的天命，是賞善罰惡的主宰，是有意志的人格神，人
可以修身，改變天意。至東周，由於戰亂，生民疾苦，人民遂
起而懷疑天道，從此，爲人敬仰的天竟成了凶暴而無信，《詩
經・十月之交》：「天命不徹，我不敢傚。」、〈雨無止〉：「如何
昊天，辟言不信。」至幽王、厲王的時代，天的權威直下墜落，
人格神的意味，急趨淡薄，天不再有宗教的權威，天命成了道
德的法則，這是人文精神最顯著的表徵，即是禮的流行。

禮是春秋時代一切道德的依歸，由於禮的發展，將宗教加
以人文化和道德化，《左傳・襄公二十九年》鄭裨諶曰：「善
之代不善，天命也。其焉辟，子產舉不踰等，則位班也。」。
周初《詩經》、《尙書》中言天賜命于有德者，唯指君王，今
子產善而爲政，則「命隨德定」之意，已及于臣民矣！一切人
的富貴成敗之命，皆依於德行而預定，非唯天之自由意志所定。
至《左傳》劉康公之言，更爲春秋時代天命觀的一大轉化，《左
傳・成公十三年》劉子曰；「吾聞之，民受天地之中以生，所
謂命也。是以有動作禮義威儀之則，以定命也。能者養之福，
不能者敗以取禍。是故君子勤禮……勸禮莫如敬……敬在養
神…今成子惰棄其命矣，其不反乎。」

---

3 唐君毅著《中國哲學原論原道篇》第 116 頁。

　　劉子此言，承紹〈召誥〉「今天其命哲」的觀念而來，「中」是天地之道，即自然之常；「命」是天所賦予之命，即天命。民受天地之中以生，即民受天地之禮以生[4]，人稟受天地之中以得其個體生命的存在，天雖然降命于人，成為人之性，性雖由天所命，內在於人而得其命，但仍須修德不已，以禮敬貞定或凝結其命，若是不敬無禮，怠惰放肆，其命則動搖而不固。所以，要定住天命，必須涵養謹敬的德行，要有莊敬的態度，以保持動作禮義威儀之則，以凝定其本命，不為物欲所引，不受形氣之累，才能貞定自己的天命。劉康公以天地之命為民生之則，使民之「生」直接與天之「命」相提並論，是性與天道合言之始。此言極高明，盡精微，上承先哲，下啓孔子。

　　以上簡言孔子以前之人性論與天命觀。孔子言「性與天道」自有其歷史背景，而以如下三段文字最為重要，它們皆在孔子以前已有之文，是下啓孔子仁道哲學之形上基礎：1.《詩經·維天之命》：「維天之命，於穆不已。於乎不顯，文王之德之純。」。2.《詩經·大雅·烝民》：「天生烝民，有物有則。民之秉彝好是懿德。」。3.《左傳·成公十三年》劉子曰：「吾聞之，民受天地之中以生，所謂命也。是以有動作禮義威儀之則，以定命也。」

二、孔子的「性與天道」

　　「性與天道」是孔子創立仁教，開闢精神生活最基本的思

4　徐復觀著《中國人性論史》第60頁。

想。《論語》中有二處言性，子曰：「性相近，習相遠之。」
（〈陽貨〉），孔子此言之「性」，據宋儒謂為氣質之性。朱
子曰：「此所謂性，兼氣質而言者也。氣質之性，固有美惡之
不同矣。然以其初而言，則皆不甚相遠也。但習於善則善，習
於惡則惡，於是始相遠耳。」[5]。

　　孔子此處言性，未必真如宋儒之說。其所謂「相近」，乃
言發于本心之好惡，與人相同，即人心之所同然者。不過，《論
語》他處言魯、愚、辟、喭、狂、狷等等，卻同於氣質之性，
〈先進〉：「柴也愚，參也魯，師也辟，申也喭。」；〈子路〉：
「狂者進取；狷者有所不為也。」。孔子雖言門生之氣性才性，
然此問題終非孔子所積極討論與深切理會之事。

　　《論語》另有一處提及性字，〈公冶長〉子貢曰：

> 夫子之文章，可得而聞也；夫子之言性與天道，不可得
> 而聞也。

　　文章是學問道德與事功的成就與表現，可顯于外，及學者
所共聞者。孔子並非不言「性與天道」，只是罕言，蓋性是客
觀之存有；天道是超越之存有，兩者不易為常人所把握，故子
貢或「不可得而聞」，再以孔子學說的真精神來說，是「仁」
而非「性」，仁才是孔子的真生命，性之問題不為孔子所重視，
所以，暫時避開不願多談，另闢仁的範疇，由仁來理解「性」。
[6]不過，孔子所謂「性與天道」的性，絕非「自生言性」之性，

5　朱熹《論語集注》卷九〈陽貨〉。
6　牟宗三在《中國哲學的特質》一書中說：「通過仁來了解性就很容易了。此
　　性不是時下一般所說的人性（Human Nature）。……所謂『性與天道』之性，
　　即從仁之為『創造性本身』來了解其本義，人即以此『創造性本身』為他的
　　性，這是人之最獨特處。為人之性即為人之本體，亦為宇宙萬物的本體。……

亦非氣質之性；而是天道所受之性，具有道德意義之性，猶如宋儒所說義理之性。

至於《論語》所言天、命、天命、天道等觀念，皆為傳統的老問題，孔子自然熟悉，四者亦非同義。單單一個「命」字，是不可妄為求取，非分定之命運，例如：〈子罕〉：「子罕言利，與命與仁。」；〈顏淵〉：「司馬牛憂曰：『人皆有兄弟，我獨亡。』，子夏曰：『死生有命。』」；〈雍也〉：「伯牛有疾。子問之，自牖執其手，曰：『亡之！命矣夫。』」；〈堯曰〉：「子曰：不知命，無以為君子。」。此種死生、富貴、疾苦，皆是命運，不可強求，只好任其自然，君子知之俟之而後已。

單單一個「天」字，見于《論語》中有十九次。其義不一，如予分述，可得以下諸義：

（一）「天將以夫子為木鐸。」（〈八佾〉）及「堯曰：咨爾舜，天之曆數在爾躬。」（〈堯曰〉）兩個天字，皆含有道德及超越之義。

（二）「吾誰欺，欺天乎！」（〈子罕〉）此天是道德法則的天。

（三）「子曰：天何言哉，四時行焉，百物生焉，天何言哉！」（〈陽貨〉）此處之天，是天道流行之天。

（四）「天之將喪斯文也，後死者不得與於斯文也。天之未喪斯文也，匡人其如予何。」及「死生有命，

儒家叫人盡性。不盡性就下墮而為禽獸。『盡性』即充分實現此創造性之意。這創造性本身落在人處，為人之性。若從宇宙大化流行那裏看，就是天道。性是主觀地講，天道是客觀地講。」《中國哲學的特質》第95頁。

富貴在天。」（〈顏淵〉）兩個天字，皆含有天
命之義。

（五）「夫子之不可及也，猶天之不可階而升也。」（〈子
張〉）此天是自然之天。

（六）「天喪予，天喪予！」（〈先進〉）此爲孔子感
嘆之詞。

（七）「獲罪於天，無所禱也。」（〈八佾〉）意指不
可違逆天理。

（八）「大哉堯之爲君，巍巍乎唯天爲大。」（〈泰伯〉）
及「天生德於予，桓魋其如予何？」（〈述而〉）
此是天德至大之天。

（九）「子曰：不怨天，不尤人，下學而上達，知我者
其天乎。」（〈憲問〉）此是孔子踐仁以知天，
天人合一之義。

（十）「子貢曰：固天縱之將聖。」（〈子罕〉）此是
天命於人之意。

即使《論語》言天有不同的意義，但是，孔子心目中的天，
其真義乃是一個宇宙法則，含有天道之意，雖然，《論語》只
有一處言及天道，〈公冶長〉子貢曰：「夫子之文章，可得而
聞也。夫子之言性與天道，不可得而聞也。」，可是，「子曰：
天何言哉！四時行焉，百物生焉，天何言哉。」（〈陽貨〉）
以及〈子罕〉：「子在川上曰：逝者如斯夫，不舍晝夜。」皆
爲孔子的天道思想。

孔子於天地萬物之變化，見天道之流行，贊嘆天道流行，

寂靜無言[7]，神通廣大，神而不秘，時行不休，生物不息，無為而無不為，孔子答哀公問「君子何貴乎天道也？」曰：「貴其不已，如日月東西相從而不已也，是天道也；不閉其久，是天道也；無為而物成，是天道也；已成而明，是天道也。」（《禮記·哀公問》）。

又孔子答子夏問「三無私」，曰：

> 天無私覆，地無私載，日月無私照……天有四時，春秋冬夏，風雨霜露，　無非教也。地載神氣，神氣風霆，風霆流形，庶物露生，無非教也。」（《禮記·孔子閒居》）

兩段文字皆可作為「天何言哉」之註解，都表示孔子對天道的看法。此外，孔子川上之嘆，亦為贊美天道之辭，覩流水之逝，悟天道變化之神妙。不舍晝夜，則識真常，知本體有常，萬變而無窮，生生不已。

談到天命，《論語》有二處言天命，〈為政〉子曰：「吾十有五而志於學，三十而立，四十而不惑，五十而知天命，六十而耳順，七十而從心所欲，不踰矩。」、〈季氏〉孔子曰：「君子有三畏：畏天命，畏大人，畏聖人之言。小人不知天命而不畏也，狎大人，侮聖人之言。」。

孔子少年志學，三十自立，學有所成，四十而不惑，至五十歲，證知天命非超越吾人之外，這是孔子一生求學經歷與生命歷程的重要關鍵，亦即五十歲以前，下學上達的踐仁工夫所

---

7 熊十力在《新唯識論》卷中第五章〈功能上〉說：「夫孔氏所言天者，形容其寂。至寂，而時行物生，時行物生，而復至寂，是天之所以為天也。」第234頁。

達到的境界，表示整個生命融入於天道之中，盡知其中奧秘，與天有了默契。亦是六十耳順，聲入心通；七十從心所欲，仁體神用所自出的源頭。

　　所謂「天命」，以其無聲無臭，而為吾人與萬物所同具之本體，則謂之天；以其流行不息，則謂之命[8]。五十知天命，實乃證知天命即仁體，其境界：天命昭著，本心洞達，全無閡蔽。天乃進入其生命之內，使內心感到天的親切呼召，自信「知我者其天乎」，負有上天的使命，對天有無限的責任感與道德感，並且感到自己與天命結合在一起，與天命為一，即與天地合其德。所以，五十歲所證知的天命，是道德性的天命，並非宗教性之天命，是一普遍與永恆的道德性之天命，他的知天命，乃是對自己的道德義理完全的自覺、自律、自證與自命。

　　所以，「孔子之天命觀之特色，實乃根於義命合一之旨。」[9]義之所在，即事情之當然者，亦即天命之所在，人當以義自命，應自盡其義，而天命存焉。人只要行義求道，天命自然對人有所命令呼召，或有艱難困厄之時，總是不怨天，不尤人；雖至生死存亡之際，愈依當為之義，以成其志，自求其仁，終而無悔。故無義無命，即義見命。人在生命歷程與生活境遇之中，把握義之所當為，天命即昭顯於人，對人有一命令召呼，吾人自然識得天命。所以，「孔子所言之天命，則明有一命令呼召義，亦明可說為在生命歷程或成學歷程中之所遭遇，而為人所

8　見熊十力《新唯識論》第 8 章〈明心上〉。
9　見唐君毅〈先秦思想中之天命觀〉第 13 頁。《新亞學報》第 2 卷第 2 期第 13 頁。

必當知之、俟之、畏之，以爲回應者。」[10]。

　　凡義之所當爲，即見天命，吾人自命實踐此義，自強不息，若境遇困難，如孔子畏於匡，除有所慨嘆之外，仍以斯文自任，對天命存念敬畏之心，孔子之畏天命，實乃內心要求實現道德而來的敬畏之心，表示對天命的依歸，不敢相違，與天合作。孔子畏於匡，自覺天命暫隱，道或暫舍，故畏之、俟之，不行非義之事，以藏此道於內。道之行或不行，皆是義之當然者，實乃孔子義命不二之旨。故人可以行義俟命，等待未來天命的降臨，行義之所當然，是爲俟天命。易言之，知天命是自知其仁義之所當爲；畏天命是對天恭敬，唯恐違背天道天理；俟天命是俟待將來天命重責大任，再行仁義之所當爲。

三、仁與「性與天道」的關係

　　上文已言天、天道、天命與性，可以看出：孔子的天不具有人格神的意義，它是無形體、無方相、精神性與道德性的天，其發用無窮、流行不已。天于發用流行之不息之間，內涵了「命」，故孔子又言天命，天命至尊，高高在上，亦可下貫而爲人之性。[11]即人稟天命而生成者，是謂之性，實則，性即天

---

10 見唐君毅著《中國哲學原論原道篇》第 115 頁。

11 牟宗三在《中國哲學的特質》一書中說：「在中國思想中，天命、天道乃通過憂患意識所生的『敬』而步步下貫，貫注到人的身上，便作爲人的主體。……在敬的過程中，天命、天道愈往下貫，我們的主體愈得肯定，所以，天命、天道愈往下貫，愈顯得自我肯定之有價值。表面說來，是通過敬的作用肯定自己，本質地說，實是在天道、命的層層下貫而爲自己的真正主體中肯定自己。」見《中國哲學的特質》第 14 頁。

命。天命或天道既超越又內在，當天命高高在上，超越於我，則有超越與普遍之義；又天道下貫於人，內在於我，而爲吾人之性，即有內在與主觀之義。無論超越與內在、客觀與主觀，皆含有道德的意義。所以，道德的普遍性與永恆性，正是孔子所說的天、天命、天道的真實內容。[12]

　　天命與天道既下降爲人的本體，則人的真實無妄的主體便已形成，孔子的「仁」即是代表吾人真實的主體，另一方面，仁有道德的意義，是一切德性之所從出，是道德人格的最高境界，它的主要表現是愛人。仁是人之所以爲人的本體，吾人生而即有之性，是生命的先天根源與大本所在，仁代表真實的生命，更爲創造生命的真幾。大而言之，仁是宇宙萬物的本體。屬於精神的、形而上的實體，這種創造的真幾在宇宙之中流行不已，是爲天道；下貫在人，爲人之性。因此，從主觀的個體來說，爲仁、爲性；從客觀的天地萬物處講，是爲天道。

　　所以，仁與「性與天道」有著密切的關係，而以仁的作用契合了「性與天道」。仁的內在道德作用，以成聖爲最高的理想，這是人格的提昇，本爲人生修養之事，此種道德踐履之歷程，是一無限的向上發展，沒有界限，不爲個體所限制，超越生理的障礙，只要不斷的下學，作踐仁的工夫，則可以知天，上達天命和天道。所以，由仁的內在作用，證知仁即是性，仁是具體清澈的真實生命。從仁的先天而無限超越性而言，仁即是天道，仁以外沒有天道，從此，天道不再懸空高掛，不可親近，或神秘不可知。依仁的作用，性與天道上下貫通了。性與

---

12 見徐復觀著《中國人性論史》第86頁。

天道統攝于仁之中，性與天道的融合，才是真正人的完成，即道德人格的實現。

孔子「五十而知天命」，已自覺到性與天道的貫通，天道進入生命之中，知天之命，與天合一。何以能夠達此境界？要在踐仁盡性下工夫，在踐仁中默識天命，契合天道，使自己的生命和天命契接。盡性則是盡人之性，因仁是人的本性，故盡性就是盡仁，即可以知天，而體現天道。因此，仁是融合性與天道的真正內容，踐仁、盡性是貫通性與天道的真實工夫，仁的自我實現，才是性與天道融合貫通的最高境界。

第二節　仁與《周易》的關係

一、《周易》論仁之要

易分《連山》、《歸藏》、與《周易》，《連山》相傳為夏易，始以艮、終於艮；《歸藏》相傳為商易，始於坤、終於坤，兩者皆明術數者也，今已散失，不可知矣。《周易》為五經之原，亦是儒家第一本哲學典籍，中國文化思想源出於《周易》，其內容以最簡單的原理，述說宇宙及社會進化之法則，我國的政治、道德、宗教之祭祀、家族之倫理、天文曆象等等，皆起源於《周易》。其成書始於伏羲畫卦，原為卜筮之書，最初僅言人之入林、涉川、乘馬、行路、履霜等日常生活諸事，從此等事之進退往來而知吉凶悔吝，進而言及宇宙原理。其思

想是貫通宇宙論和道德哲學，從宇宙的變化，依順逆之道，可以預知人事的吉凶，人生的吉凶在于順逆之道，順者吉，逆者凶，將人生的吉凶和宇宙的變化相連貫。

相傳伏羲畫八卦，〈繫辭下傳〉第2章曰：「古者包羲氏之王天下也，仰則觀象於天，俯則觀法於地，觀鳥獸之文，與地之宜，近取諸身，遠取諸物，於是始作八卦，以通神明之德，以類萬物之情。」自從伏羲觀察自然宇宙，體察現實世界，創建易學，首辨體用，法天之用，不法天之體，立意掃除鬼神迷信，而立三大原則。三大原則者，一、體用之辨。二、陰陽成變。三、本隱之顯。[13]

傳至文王，文王在羑里演易，《史記‧周本紀》曰：「西伯蓋即位五十年，其囚羑里，蓋益易之八卦為六十四卦。」再由周公作爻辭，另據清代學者的考證，文王和周公作卦辭、爻辭之事，並不能確定。或以為卦辭、爻辭是孔子所作，熊十力《讀經示要》卷三曰：「爻辭亦孔子作無疑。」次由孔子贊之以十翼，十翼者：〈彖辭〉、〈大象〉、〈小象〉、〈文言上〉、〈文言下〉、〈繫辭上〉、〈繫辭下〉、〈說卦〉、〈序卦〉、〈雜卦〉。十翼是《周易》最有哲學思想的著作，西漢前尚無十翼之名，清代學者疑是出於劉歆之說，或以為十翼並非出於孔子手筆，而是孔門弟子所作，蓋其中有「子曰」，乃孔門弟子傳承孔子的話。宋歐陽修著《易童子問》，始疑〈序卦〉、〈雜卦〉、〈繫辭〉非孔子所作。然而，《史記‧孔子世家》曰：「孔子晚而喜易，序彖、繫、象、說卦、文言，讀易韋編

---

13 熊十力著《原儒》第251頁。

三絕。」《論語》亦曰：「文王既沒，文不在茲乎？天之將喪斯文也，後死者不得與於斯文也。天之未喪斯文也，匡人其如予何？」（〈子罕〉）據此，可見孔子實與《周易》有密切關係，並以繼文王而自任，不過孔子自稱「述而不作」。

有「子曰」者，乃孔門弟子記孔子所述而作，其中內容，當然是孔子的思想，自孔子贊易[14]，孔門弟子記之，《周易》成為中國哲學的大典，把原有的宗教之神話和迷信徹底清除了，轉向道德與哲學的範疇，《周易》遂成為五經之原。實則，《周易》是孔子思想的根本，學術之本源，孔子之學，具在《周易》，孔子的內聖外王之道，亦具於《周易》，所以，《周易》與《論語》可以互證，兩書的精神是貫通的。孔子創立仁教，《論語》以仁教人，《周易》以乾元為仁，仁即是元。又《論語》子在川上歎逝者如斯，於流動不居中見真體，易於變動中見不易，兩旨一致。

至於《周易》論仁，亦大抵和孔子論仁之旨相近似，釋之如下：

    （一）「君子體仁，足以長人。」（〈乾文言傳〉）仁者元也，亦生也。萬物之始，眾善之首，君子效法天地生物之德，以仁為體，故能愛，愛則足以長人。易言之，君子體天地之仁德，以仁存心，可以長育人群。此仁作「愛」講，有「天地之仁

---

14 「孔子贊易，於宇宙生命之玄秘，更是洞見其幾微。天地之所以廣大，即在其生生不已，天德施生，如雲雨之滋潤，人物各得其養以茂育；地德成化，如牝馬之馳驟，人物遍受其載以攸行。」見方東美著《中國人生哲學概要》第 69 頁。

德」之意。

（二）「君子學以聚之，問以辯之，寬以居之，仁以行
　　　之。」（〈乾文言傳〉）君子以學、聚、問、辯
　　　作爲進德工夫，能進德則可以修業，修業以居寬
　　　行仁爲主，君子進德修業以成大人之德。「仁以
　　　行之」是依於仁而行，以仁作「愛」解。

（三）「休復之吉，以下仁也。」（〈復象傳〉），「陽
　　　爲仁行，在初之上，而附順之，下仁之謂也。既
　　　處中位，親仁善鄰，復之休也。」[15]陽爲仁，仁
　　　即是乾，乾爲萬物資始，此仁即有「生」的意義。

（四）「安土敦乎仁，故能愛。」（〈繫辭上傳〉第 4
　　　章）聖人盡性，故能上達而知天命，既知天命又
　　　樂天理，故能無憂，不憂則安祥敦厚，仁者愛人，
　　　故能愛，愛是仁之發用。此仁作「愛」解。

（五）「一陰一陽之謂道，繼之者善也，成之者性也。
　　　仁者見之謂之仁，知者見之謂之知，百姓日用而
　　　不知，故君子之道鮮矣。」（〈繫辭上傳〉第 5
　　　章），陰陽者，道之發用，創造萬物的原動力，
　　　天道由陰陽的變動而生化萬物，所以，仁者見之
　　　謂之仁的「仁」，顯然有「道」的涵義，此道即
　　　是生生化化的天道。

（六）「顯諸仁，藏諸用，鼓萬物而不與聖人同憂，盛
　　　德大業至矣哉！」（〈繫辭上傳〉第 5 章）顯者，

15　《周易》王弼註、古注《十三經》。

自內達外，動而愈出。仁者，萬物造化之源，生生化化，能夠生生化化，繼續不息，就可以「顯諸仁」，所以，「顯諸仁」是仁體之顯現，亦即仁德顯於生物之中。藏者含藏，仁體至虛，即用即體，含藏萬德，「藏諸用」即仁德藏於生物之用之內。

（七）「天地之大德曰生，聖人之大寶曰位，何以守位？曰仁，何以聚人？曰財。」（〈繫辭下傳〉第 1 章）天地之德是大生廣生，聖人法天，有天地之德，雖有其德，苟無其位，亦不能有所作為，故聖人貴在有位，聖人有位，以仁守位，以仁賢之德行之，則可兼善天下，澤及百姓，此仁有「心之德」之意。

（八）「子曰：小人不恥不仁，不畏不義，不見利不勸，不威不懲，小懲而大誡，此小人之福也。」（〈繫辭下傳〉第 1 章）小人不恥則無所不為，不仁則無德，不能愛人，不畏則無所不敢，不勸則不能為善，不懲則無所忌憚，故小懲而大誡，為小人之福。此仁作「心之德」解，亦有「愛」之意。

（九）「立天之道，曰陰與陽；立地之道，曰柔與剛；立人之道，曰仁與義，兼三才而兩之。」（〈說卦傳〉第 2 章）陰陽、剛柔、仁義皆性命之理，聖人作易，順性命之理，而立天地人三道，兼三才而兩之。人道之仁，如同天地之乾，故曰乾為仁；人道之義，如同天道之坤，故曰坤為義。此

　　　仁雖是人道之德目，但與陰陽、剛柔之天地之道
　　　相提並論，遂有宇宙論的意義。

　　以上簡論《周易》的仁，《周易》共有十個仁字，大部份
的涵義皆依據《論語》、《孟子》而來，一部份創發新意，並
有宇宙論的涵義，天道與仁在《周易》裏可以互相包涵，天道
中有仁，仁中有天道，然而《周易》並不以孔子的仁爲宇宙的
天道，另以「易道」言天道。何謂易道？易與仁的關係如何？
于第二段述之。

二、《周易》天道與仁的關係

　　《周易》以易言天道，易道即天道，何謂易？易有三義：
易簡、變易、不易。另依《乾鑿度》，易有三義：易、不易、
變易。易者，德也，乃生生之德；變易者，其氣也，乃生生之
道；不易，變而相續者，其位也，言天地定位，不可易也，常
體之名。易簡是法則，貞固不雜亂之謂也，「乾以易知，坤以
簡能。」表示乾以貞一之德，成就其知；坤以貞一之德，成就
其能。變易者，變動不居，刹那更新之謂也，表示宇宙的變化
無常，萬物變化的過程，〈繫辭下傳〉第 8 章曰：「爲道也屢
遷，變動不居，周流六虛，上下無常。剛柔相易，不可爲典要，
唯變所適。」不易者，恒久不變也，常體之謂，發用流行中之
主宰，不易則有常，〈繫辭上傳〉第一章曰：「動靜有常」。

　　《周易》最重變易與不易，而言變易，變易有三種，卦的
變易，宇宙的變易和人事的變易，而以卦的變易爲宇宙變易的
象，宇宙的變易又爲人事變易的規範。以變易爲本，總攝易簡

與不易，而易道即此之總名。實則，變易即不易，不易即變易，即用識體，從用見體，變易即是不易；由體成用，出體而用，不易即變易，變易與不易是體用不二之義。大易之道，廣大悉備，大小精粗，無所不包，總持二義：內聖外王、天人合一。大易倡明內聖外王之道，內聖外王之學備於易，〈說卦傳〉第一章曰：「窮理、盡性、以至於命。」此言總括內聖外王之全體[16]。

　　窮理者，窮一本萬殊之理，至萬物化生之根源；盡性者，盡吾人固有之天性與無窮之德用。至命者，還復與天地萬物共有之本命，是盡性工夫之極致，此內聖之功。〈乾象傳〉又曰：「首出庶物，萬國咸寧。」此外王之業，乃易之開物成務，道濟天下，曲成萬物之功，程伊川《易傳》釋之曰：「乾道首出庶物而萬彙亨，君道尊臨天位而四海從。」君主王天下，領導群倫，能天下皆寧，萬國和同，而四海從，故曰萬國咸寧。

　　《周易》又明「天人合一」之道，〈文言〉曰：

　　　夫大人者，與天地合其德，與日月合其明，與四時合其序，與鬼神合其吉凶。

　　大人無私，乃與天地合德，是天人合一之妙境，此外，〈繫辭傳〉以聖人和天道相通，亦是天人合一之道，〈繫辭傳〉所稱之「聖人」，意指畫卦及作爻、彖辭等人，聖人崇德廣業，知天地之道，明宇宙的變化，設卦觀象，知進退存亡，故能示人吉凶，勉人修德。

　　〈繫辭上傳〉第 6 章曰：「聖人有以見天下之賾，而擬諸

---

16 熊十力著《原儒》第 258 頁。

形容，象其物宜，是故謂之象。聖人有以見天下之動，而觀其會通，以行其典禮。」又曰：「是故明於天之道，而察於民之故，是興神物，以前民用。聖人以此齋戒，以神明其德夫。」（〈繫辭上傳〉第 10 章）又曰：「是故，天生神物，聖人則之；天地變化，聖人效之；天垂象，見吉凶，聖人象之；河出圖，洛出書，聖人則之。」聖人崇天法地，與天地合德，故曰聖人與天道相貫通，《周易》所謂天道或稱易道。

易道者，物之感應變化之道，其道廣大無際，有體有用，無所不包，不可窮止，〈繫辭上傳〉曰：「易與天地準，故能彌綸天地之道，範圍天地而不過，曲成萬物而不遺。」（第四章）又曰：「夫易，廣矣大矣，以言乎遠則不禦，以言乎邇則靜而正，以言乎天地之間則備矣。」（〈繫辭上傳〉第六章）又易之體，「无思也，无爲也，寂然不動，感而遂通天下之故。」（〈繫辭上傳〉第 10 章）

無思故無不知，無爲故無不成，無思無爲即可通達天下，故曰「神无方而易无體。」（《周易·繫辭上傳第 4 章》）「神無方」形容變化之神妙，無有方所；「易無體」則表示生生不息之易，無有形體，易本無體，即用識體，而易之爲用，神妙不可測，開物成務，定天下之業，《周易》讚之曰：「富有之謂大業，日新之謂盛德。」（〈繫辭上傳〉第四章）不疾而速，不行而至。

易言之，此易之感應變化乃無方不測而無窮之歷程，而神即在其中，故易道即神道。既然易無體而不可見，所以，易是形上道體。它的顯發有陰陽乾坤之象，乾代表陽；坤代表陰。〈繫辭上傳〉第 12 章曰：「乾坤其易之蘊邪，乾坤成列，而易立乎其中矣，乾坤毀，則無以見易，易不可見，則乾坤或幾乎

息矣。」可知，易蘊於乾坤之中，蓋易乃無體，此無體之「易」有太極，是生兩儀，兩儀生四象，四象生八卦，八卦定吉凶，吉凶生大業。（〈繫辭上傳〉第11章）

　　太極是宇宙變化的起源，寂然無形，其顯發則有陰陽兩儀，兩儀化生四象，四象生八卦，八卦中的乾坤爲萬物萬事之變化所由出者，由乾坤化生具體的萬物，〈繫辭下傳〉曰：

> 乾坤，其易之門邪，乾，陽物也；坤，陰物也。陰陽合德，而剛柔有體，以體天地之撰，以通神明之德。」（〈繫辭下傳〉第6章）

　　又曰：「乾道成男，坤道成女，乾知大始，坤作成物。乾以易知，坤以簡能。」（〈繫辭上傳〉第1章），又曰：「夫乾，其靜也專，其動也直，是以大生焉；夫坤，其靜也翕，其動也闢，是以廣生焉。」（〈繫辭上傳〉第6章）

　　乾以剛健中正之德而大生，始萬物者也，坤以柔順從乾，凝聚而成物。乾坤之大生廣生，內涵了易道的特色，即是生生不已，生生之謂易。（〈繫辭上傳〉第5章）生生，意謂相續不絕、萬物恒生之義，萬物的生成，是一生而又生的歷程，宇宙變化的目的即是「生生」，此生生之道，即是易道，其目的在使萬物化生，萬物由乾坤相續不已的化生作用所形成，乾如闢戶，使萬物出，坤如闔戶，使萬物入，一出一入，一往一來，萬物往來而生生無窮矣，于此即見生生之道。即見易道之尊生，生爲大德，故曰「天地之大德曰生」，此生之德，亦即乾元之德，乾元之德即是天德，〈乾彖傳〉曰：「大哉乾元，萬物資始乃統天，雲行雨施，品物流行……乾道變化，各正性命。」

　　何謂乾元？乾者，健也；元者，原也，易以萬物的本體名

之，實則，乾元即是仁體，蓋仁乃萬物之本體。乾元發育萬物，是化生之德，爲萬物的實體，萬物得乾元而始生，乾元賦予萬物以生機，爲萬物資始，此乃天德的表現，故曰統天，此種具體的表現是「雲行雨施，品物流行」，喻萬物得乾元之生機，盛大生長，各成其形，而有變化，此一變化，即是乾道變化，萬物由乾道的變化而來，乾道變化的「變化」，亦是生生之謂易的「生生」。

《周易》以乾爲大生，〈乾・象辭傳〉以「天行健」喻乾元生生不已之健德；坤爲廣生，〈坤・象辭傳〉曰：「至哉坤元，萬物資生，乃順承天，坤厚載物，德合無疆。」坤元是萬物之凝聚以資生者，以柔順爲德，順從乾元，而乾資之以成化，坤有厚德，凝聚含藏以載物，而爲乾元之資具也。然而，無論乾元或坤元之大生廣生，元乃爲生物之始，化生之源，〈乾・文言〉曰：「元者，善之長也。」

元爲善之長，元即是仁。又元是天地之德，表示「生生」，而仁之爲德，亦是生生不已，生生不息、生生不容己，總持造化之大德曰仁，仁即生生，易以「生生」說仁，所以，元即是仁，亦是生生，生生之不息，盛大而不容己者，《周易》以天行健之「健」喻之，健亦是生生之德，因此，仁、元、德三者，異名而同實。總之，《周易》的天道即是易道，元即是仁，乾元即是仁體，易道即是生道，即是仁道。

第三節 仁與《中庸》「誠」的關係

一、《中庸》論仁之要

　　《中庸》相傳爲子思所作，朱子《四書集註・中庸章句序》曰：「《中庸》何爲而作也，子思子憂道之失其傳而作也。」[17]又司馬遷《史記・孔子世家》曰：「子思作《中庸》。」根據朱子及司馬遷等人之說，子思作《中庸》，成書在孟子之前，持同此意者，另有胡適，胡適的《中國古代哲學史》曰：「《中庸》古說是孔子之孫子思所作。大概《大學》和《中庸》兩部書都是孟子、荀子以前的儒書。我這句話，並無他種證據，只是細看儒家學說的趨勢，似乎孟子、荀子之前總該有幾部這樣的書，纔可使學說變遷有線索可尋。」[18]

　　此外，徐復觀認爲《中庸》出於子思，成書在孟子以前，若分《中庸》爲上下兩篇，則上篇是子思所作，其中或有參雜其門人之言，下篇是上篇的發展，出於子思的門人，即將《中庸》編輯成書之人[19]。但是，反對《中庸》成書在孟子以前者，亦有之，馮友蘭認爲《中庸》出於子思原作，成書在孟子以後，似就孔孟學說加以發揮，有部分內容是秦漢儒者所加，馮氏曰：

---

17 朱熹《四書集註・中庸章句序》。又子程子曰：此篇乃孔門傳授心法，子思恐其久而差也，故筆之於書，以授孟子。
18 胡適著《中國古代哲學史》第 10 篇第 1 章第 2 頁。
19 徐復觀著《中國人性論史》第 5 章第 103 頁。

「今《小戴禮記》中，《中庸》所說義理，亦實與孟子之學說為一類。則似此篇實為子思所作，然《小戴禮記》中之《中庸》，有『今天下車同軌，書同文，行同倫』之言，所說乃秦漢統一中國後之景象。《中庸》中又有『載華嶽而不重』之言，亦似非魯人之語。且所論命、性、誠、明諸點，皆較孟子為詳明，似就孟子之學說加以發揮者，則此篇又似秦漢時孟子一派之儒者所作。」[20]

　　綜觀古今學者對《中庸》作者及成書的不同看法，吾人認為《中庸》的基本道理是子思所說，闡發孔子所罕言的「性與天道」之關係；如第 1 章「天命之謂性，率性之謂道，修道之謂教。道也者，不可須臾離也，可離非道也。」，乃直承《論語》而來的重要文獻；又有發揮孔子思想之處，如第 13 章「君子以人治人，改而止，忠恕違道不遠，施諸己而不願，亦勿施於人。君子之道四，丘未能一焉，所求乎子，以事父，未能也；所求乎臣，以事君，未能也；所求乎弟，以事兄，未能也；所求乎朋友，先施之，未能也。庸德之行，庸言之謹。有所不足，不敢不勉，有餘不敢盡。言顧行，行顧言，君子胡不慥慥爾。」，是就孔子所謂「忠恕之道」加以發揮，說明《中庸》的具體內容即是忠恕。

　　不過，全書的完成，可能須至孟子、莊子之時[21]，其中內容，有子思門人及後儒的申論。此外，《中庸》亦有新意，即是「誠」的提出。《中庸》以「誠」詮釋「性與天道」之關係，誠才是經綸天下的大經大本，《中庸》以「誠」取代《論語》

---

20 馮友蘭著《中國哲學史》第 14 章〈秦漢之際儒家〉第 446 頁。
21 吳怡教授著《中庸誠字的研究》對《中庸》一書的懸案論之甚詳。

的「仁」。仁在《中庸》皆未創發新意，其涵義與《論語》、《孟子》一致，茲簡論如下：

（一）「為政在人，取人以身，修身以道，修道以仁。」（《中庸》第20章）「修道以仁」是依仁實現中庸之道，即以仁為基礎，在人倫生活、日常行為中實踐中庸之道。所謂中庸之道，是人人宜當踐履的行為規範。大而言之，在政治上欲實現中庸之道，亦必須據於仁。蓋仁有推己及人的推恩力量。此處「修道以仁」的仁是統攝諸德的最高德性，專言之仁。

（二）「仁者人也，親親為大。義者宜也，尊賢為大。」（《中庸》第20章）《中庸》此句與《孟子》「未有仁而遺其親者也」（〈梁惠王上〉），「仁之實，事親事也；義之實，從兄事也。」（〈離婁上〉）；「親親，仁也；敬長，義也。」（〈盡心上〉），「仁也者，人也。」（〈盡心下〉）等言相近。仁者能愛人，以愛親為第一。

（三）「知仁勇三者，天下之達德也。」（《中庸》第20章）《中庸》以知仁勇為天下之達德，《論語》以知仁勇為「君子道者三」，兩句同義。〈憲問〉曰：「子曰：君子之道者三，我無能焉，仁者不憂，知者不惑，勇者不懼。」此句之「仁」是心之德，為德性中之一德，偏言之仁。

（四）「好學近乎知，力行近乎仁，知恥近乎勇。」（《中庸》第20章）孔子仁道要在力行，「力行近乎仁」

意謂爲仁的工夫在實踐；力行是求仁的表現，即踐仁之道，猶如孟子言「強恕而行；求仁莫近焉。」（《孟子・盡心上》）

（五）「誠者，非自成己而已也，所以成物也。成己仁也，成物知也。」（《中庸》第 25 章）《中庸》以誠成己成物，如同《論語》「夫仁者，己欲立而立人，己欲達而達人」之意。成己是自己成就自己，即自我實現道德，完成人格，謂之仁。

（六）「肫肫其仁，淵淵其淵，浩浩其天。」（《中庸》第 32 章）肫肫其仁即渾然仁體，無一毫自私之念，是天人合一、物我一體的境界，意謂聖人的內在生命，充滿仁德，如淵泉之無盡，天地之廣大高明，悠久無疆。

　　《中庸》共有六個仁字，如上所述，其義皆不出《論語》、《孟子》範疇，故仁在《中庸》不甚重要，《中庸》另以「誠」來契合「性與天道」，誠乃天人合一之道，又誠者成己成物，誠亦是內聖外王之道。要之，《中庸》的誠，乃繼承孔子的仁，實與孔子的仁相合。

二、誠的意義與仁的關係

　　《中庸》全書共有 33 章，分上下兩篇，從第 1 章至 20 章前段「行前定，則不疚；道前定，則不窮。」止，是爲上篇，除第 1 章對天、性、道、教、中、和等重要名詞加以定義外，以中庸的思想爲主要；從第 20 章後半段至 33 章止，是《中庸》

的下篇，以誠爲主，以誠言性，以誠融貫性與天道。誠纔是《中庸》最重要的一個字。上篇的率性、慎獨，皆以誠爲依歸，誠貫通了整部《中庸》的思想體系。總之，誠有天人合一、內聖外王二義，是誠的兩大內容特徵。[22]

誠何以有天人合一之義？或誠何以是天人合一之道？《中庸》第 20 章曰：

> 誠者，天之道；誠之者，人之道。

《孟子‧離婁上》亦有「誠者，天之道；思誠者，人之道也。」，只是未深論，不如《中庸》下篇對誠的闡明。《中庸》以誠爲天道，即天理自然之道，「誠之」是修養的工夫，乃實踐誠道之意，即由「誠之」的踐誠工夫，以恢復天所賦予的誠之本體或天性。

《中庸》曰：「誠者，天之道；誠之者，人之道。」可與「天命之謂性，率性之謂道，修道之謂教。」合看，性是天所命於人者，天命貫注在人，即謂之性，人皆含有誠的天性，若能順此天性而行，即能充分發揮天性之誠，這便是「誠之」的工夫，盡了「誠之」的工夫，即可證知天命，貫通天命與人性。誠本是實踐之德目，《中庸》把它形而上化，使實踐的道德有形而上的依據，成爲無息的天道，《中庸》第 26 章曰：

> 至誠無息，不息則久，久則徵，徵則悠遠，悠遠則博厚，博厚則高明，博厚所以載物也，高明所以覆物也，悠久所以成物也，博厚配地，高明配天，悠久無疆。如此者，

---

22 吳怡教授說：「以筆者的看法，在《中庸》裏這個誠字有兩大特質，一是由下而上，爲天人合一之道；一是由內而外，爲內聖外王之道。」見《中庸誠字的研究》第 40 頁。

不見而章，不動而變，無為而成，天地之道，可一言而
盡也，其為物不貳，則其生物不測。天地之道，博也、
厚也、高也、明也、悠也、久也。……詩云：維天之命，
於穆不已，蓋日天之所以為天，於乎不顯（或曰丕顯），
文王之德之純，蓋曰：文王之所以為文也，純亦不已。

《中庸》以此言明天道之生物不測，無窮不息，是在人之
至誠無息之德之中表現出來。易言之，人之至誠無虛假、無息
不間斷之德，可以載物、覆物、成物，而以博厚配地，高明配
天，成其悠久無疆，則人可與天道合一，與天地合德，故曰：
「維天之命，於穆不已，聖人之德，純亦不已。」兩者皆至誠
無息之呈露。聖人之德之純亦不已，同于聖人之道之不已，亦
同于天命之於穆不已。

聖人之道可以「發育萬物，峻極于天」（《中庸》第 26
章），「禮儀三百，威儀三千」（《中庸》第 26 章）亦待聖人
而後行，聖人之德之純，純則「尊德性而道問學」（26 章），
以成其德之不已。所以，聖人之道之發育萬物，同于天道之發
育萬物，因此，聖人之德可以配天，與天合一，兩者互以「至
誠無息」之道貫通之。此誠之道縱通上下，貫通天命與人性，
契合性與天道，故曰誠是天人合一之道。

《中庸》以誠契合性與天道，此一契合，是內在的契合，
即是一方面把天命作為自己內在之本性（天命之謂性），另一
方面又把天命化為形上的實體。誠的作用何以能致之？其方法
又是如何呢？《中庸》第 22 章曰：

唯天下至誠，為能盡其性，能盡其性，則能盡人之性，
能盡人之性，則能盡物之性，能盡物之性，則可以贊天

地之化育，可以贊天地之化育，則可以與天地參矣。

　　至誠乃性之德的全部朗現，此性，由天所命，一切人物之性皆由天所命而有，物我同此一性。「至誠」即「盡其性」，乃充分發展天所命於人之性，盡量彰顯其德。

　　所以，至誠之人，以誠行道，則能盡其性，成就自己之德；同時，要求盡人之性，以通于天下人，再盡物之性，以達萬物，致「能盡其性」之人，能「盡人之性」，亦可「盡物之性」，朱子解釋此段曰：「盡其性者，德無不實，故無人欲之私，而天命之在我者，察之、由之，巨細精粗，無毫髮之不盡也。人物之性，亦我之性，但以所賦形象不同，而有異耳，能盡之者，謂知之無不明，而處之無不當也。」易言之，《中庸》以誠為天道，孔子的仁亦可為天道，所以說《中庸》的誠與孔子的仁相合，天道只是一個仁，亦只是一個誠。

　　須知，盡性不是至誠的工夫，盡性是至誠的結果，人能至誠，反身而誠（《孟子‧盡心上》），自然能盡性，自然「不勉而中，不息而得，從容中道。」（《中庸》第 20 章）至此境界，即可參與贊助天地的化育，其德可以天地參，可以配天。易言之，誠可以無限的向外感通，盡一切人物之性，與天地相契合，與天地打成一片。此一契合天地之道，是以人性之內在誠德為主，故謂之「內在的契合」。

　　接著，《中庸》第 23 章又曰：「其次致曲，曲能有誠，誠則形，形則著，著則明，明則動，動則變，變則化，唯天下至誠為能化。」朱子以為「致，推致；曲，一偏。」[23]蓋人有

一曲之蔽，致曲是用力推擴局部的善，如《荀子‧解蔽》所謂「凡人之患，蔽於一曲，而闇於天理。」所以要致曲，使不明化明，不善成善，此即明善工夫，《中庸》曰：

> 博學之，審問之，慎思之，明辨之，篤行之。有弗學，學之弗能，弗措也；有弗問，問之弗知，弗措也；有弗思，思之弗得，弗措也；有弗辨，辨之弗明，弗措也；有弗行，行之弗篤，弗措也；人一能之，己百之，人十能之，己千之，果能此道矣，雖愚必明，雖柔必強。(《中庸》第 20 章)

學、問、思、辨、行五者，是「誠之」之目，乃擇善而固執之者也，皆所以致曲（明善）的工夫，能致曲，則有誠，有誠之後，必有「形」於外之表現，能顯「著」此一表現，使己之心「明」于外，更感「動」通達其他人物，使之亦有所變「化」，使人物之性，皆得盡之，此一歷程須要無限之努力；求學問與道德的完成，纔能達此誠之境界。

最後，《中庸》總結而曰：「唯天下之至誠，為能經綸天下之大經，立天下之大本，知天地之化育。夫焉有所倚？肫肫其仁，淵淵其淵，浩浩其天。苟不固聰明聖智達天德者，其孰能知之？」（《中庸》第 32 章）《中庸》以為唯有至誠之人，能經綸由五倫（君臣、父子、夫婦、昆弟、朋友）至九經（修身、尊賢、親親、敬大臣、體群臣、子庶民、來百工、柔遠人、懷諸侯）之事，立中之大本，無一毫私欲之偏，可以證知天地的化育，默契天道，此一至誠無妄之人，誠懇篤實，渾然仁體，其內在之德同于天德，如淵泉之無盡，天之廣大高明，其生命悠久無疆。

前一段，吾人已明白誠有天人合一之意，誠是天人合一之道。然而，誠又何以有內聖外王之旨？誠又何以是內聖外王之道？《中庸》第 25 章曰：「誠者，自成也；而道，自道也。誠者，物之始終，不誠無物。是故君子，誠之為貴。誠者，非自成己而已也，所以成物也，成己，仁也；成物，知也，性之德也，合內外之道也，故時措之宜也。」《中庸》所謂「自成」，是自己成就自己，即自己完成自己，乃「成己」之謂也。成己就是成仁，《中庸》曰：「成己，仁也。」、「仁者，人也，親親為大。」（《中庸》第 20 章）誠不僅能成己之仁，誠亦可以成物[24]。

蓋誠是天道，天道生生，促成萬物的生長；誠亦是人道，使事事物物和諧發展，人人安居樂業。成己是內，成物是外，成己成物表示誠道由內顯達於外，通內外為一貫，即成己所以成物，成物所以成己，所以，己與物、內與外合而為一。然而，誠道又如何由內及外，合外內之道？《中庸》提出力行五倫至九經之過程，以為詳釋。《中庸》第 20 章曰：「天下之達道五，所以行之者三，曰君臣也，父子也，夫婦也，昆弟也，朋友之交也。五者，天下之達道也；知仁勇三者，天下之達德也，所以行之者一也。」

《中庸》第 20 章又曰：

> 凡為天下國家有九經，曰：修身也，尊賢也，親親也，敬大臣也，體群臣也，子庶民也，來百工也，柔遠人也，懷諸侯也。修身則道立，尊賢則不惑，親親則諸父昆弟不怨，敬大臣則不眩，體群臣則士之報禮重，子庶民則

---

24 見《中庸》朱熹章句第 21 頁。

百姓勤，來百工則財用足，柔遠人則四方歸之，懷諸侯則天下畏之。齊明盛服，非禮不動，所以修身也，去讒遠色，賤貨而貴德，所以勸賢也，尊其位，重其祿，同其好惡，所以勸親親也，官盛任使，所以勸大臣也，忠信重祿，所以勸士也，時使薄歛，所以勸百工也，日省月試，既稟稱事，所以勸百工也，送往迎來，嘉善而矜不能，所以柔遠人也，繼絕世，舉廢國，治亂持危，朝聘以時，厚往而薄來，所以懷諸侯也，凡為天下國家有九經，所以行之者一也。

《中庸》此章盡言力行五倫至九經之達道，即由修身、齊家而治國平天下之內聖外王之道。修身是內聖之事，由修身到齊家是尊賢、親親于父子、夫妻、昆弟、朋友之人倫之中，敬大臣、體群臣、子庶民、來百工、柔遠人、懷諸侯，則是治國平天下的外王事業。而無論內聖之事、外王之業，皆以誠為本，以誠行之，故曰誠為內聖外王之道。

綜合言之，《中庸》以誠為天人合一、內聖外王之道，孔子的仁亦為天人合一、內聖外王之道（見第二章第一節），《中庸》以誠為天道，天道只是一個仁，亦只是一個誠，又《中庸》以誠契合性與天道，孔子的仁亦契合性與天道，所以說《中庸》的誠與孔子的仁相契合。

附錄　《大學》論仁之要：

《大學》原是《禮記》中的一篇，未知何人著作。朱子以為係曾子及其門人所作，成書年代當在孟、荀之後。該書上承

孔孟荀諸儒心傳，綜論儒家內聖外王之道。主旨有三綱領八條目，三綱領者，明德[25]、親民、止至善。八條目是格物、致知、誠意、正心、修身、齊家、治國、平天下，此為大學之道。八條目所說的八事，前後相成，始終一貫，其歷程，以己之明德開始，至平天下為終，即是一明明德于天下之過程。明明德是內聖之道，平天下為外王之業，由於三綱領八條目才是《大學》的中心，論仁居次，不甚重要，其涵義亦以《論語》、《孟子》為依歸。全書共有十個「仁」字。分別在第 3 章、第 9 章、第 10 章。

一、「為人君止於仁，為人臣止於敬，為人子止於孝，為人父止於慈，與國人交止於信。」（《大學》第 3 章）為人君止於仁之「仁」，有「心之德」之意，為人君者，當以仁愛為目標，勤政愛民。

二、「一家仁，一國興仁，一家讓，一國興讓。」（《大學》第 9 章）《大學》此句與《論語・泰伯》「君子篤於親，則民興于仁。」及〈顏淵〉「一日克己復禮，天下歸仁焉」同義，此「仁」意指仁厚的風俗。

三、「堯舜帥天下以仁，而民從之。桀紂帥天下以暴，而民從之，其所令反其所好，而民不從。」（《大學》第 9 章）堯以愛民為政，故民從之，此「仁」作「愛」解。

四、「舅犯曰：亡人無以為寶，仁親以為寶。」（《大學》第 10 章）仁親即愛親，此「仁」作「愛」解。

五、「唯仁人，放流之。迸諸四夷，不與同中國，此謂唯仁人，能愛人能惡人。」（《大學》第 10 章）此句與《論語》：

---

25 熊十力說：「《大學》所云明德，亦仁之別名也。」見《讀經示要》卷一 63 頁，廣文書局。

「唯仁者能好人，能惡人」同義。

　　六、「仁者以財發身，不仁者，以身發財。」（《大學》第十章）仁者即有德者，唯仁者愛人，散財以得民。不仁者凶暴之徒，亡身以殖貨。

　　七、「未有上好仁，而下不好義者也。」（《大學》第十章）在上者，好仁愛其下，在下者行忠義其上。此「仁」亦作「愛」解。

第四章　後儒對仁的體認

第一節　孟子性善論的不忍人之心

　　孟子以繼承孔子為己任，終生志于發揚孔子之道，對堯、舜推崇尊敬，自承道統曰：「我亦欲正人心，息邪說，距詖行，放淫辭，以承三聖者。」（《孟子卷六・滕文公下》），又曰：「由堯、舜至於湯，五百有餘歲。若禹、皋陶，則見而知之，若湯則聞而知之。由湯至於文王，五百有餘歲。若伊尹、萊朱，則見而知之，若文王則聞而知之。自文王至於孔子，五百有餘歲。若太公望，散宜生則見而知之，若孔子則聞而知之。由孔子以來，至於今，百有餘歲。去聖人之世，若此其未遠也；近聖人之居，若此其甚也。然而無有乎爾！則亦無有乎爾。」（〈盡心下〉）。孟子願學孔子，私淑孔子，欲平治天下，自負重任曰：「如欲平治天下，當今之世，舍我其誰哉？」（〈公孫丑下〉）

　　孟子之學純是堯、舜、孔子之道，以性善為宗旨。性善論是孟子對中國文化之最大貢獻。仁論亦基于性善而提出。實則，性善即是心善，性乃心之所同而有異於禽獸者，孟子曰：「人之所以異於禽獸者，幾希，庶民去之，君子存之。舜明於庶物，

察於人倫。由仁義行，非行仁義也。」（〈離婁下〉），又曰：
「口之於味也，有同嗜焉；耳之於聲也，有同聽焉；目之於色
也，有同美焉；至於心，獨無所同然乎？心之所同然者，何也？
理也，義也。聖人先得我心之所同然耳。故理義之悅我心，猶
芻豢之悅我口。」（〈告子上〉）。

　　孟子以理義之幾希，別人禽，立性善，主張人性本是純善，
孟子曰：「人性之善也，猶水之就下也，人無有不善，水無有
不下。」（〈告子上〉）。他以乍見孺子將入井之人心反應，
說明人性本善，孟子曰：

> 今人乍見孺子將入於井，皆有怵惕惻隱之心，非所以內
> 交於孺子之父母也；非所以要譽於鄉黨朋友也；非惡其
> 聲而然也。由是觀之，無惻隱之心，非人也；無羞惡之
> 心，非人也；無辭讓之心，非人也；無是非之心，非人
> 也。惻隱之心，仁之端也；羞惡之心，義之端也；辭讓
> 之心，禮之端也；是非之心，智之端也。人之有四端，
> 猶有四體也。（公孫丑上）

又曰：「惻隱之心，人皆有之；羞惡之心，人皆有之；恭
敬之心，人皆有之；是非之心，人皆有之。惻隱之心，仁也；
羞惡之心，義也；恭敬之心，禮也；是非之心，智也。仁義禮
智，非由外鑠我也，我固有之也，弗思耳矣。故曰：求則得之，
舍則失之，或相倍蓰而無算者，不能盡其才者也。」（〈告子
上〉）。孟子以「乍見」二字強調人皆有不忍人之心，就是愛
心，即未曾受到本能欲望的驅使，不待外求，當下表現愛心。
人秉此本性愛心，無有不善，擴而充之，足以保四海，此種擴
充可達無限，能擴充此不忍人之心者，仁也。

　　孟子雖然並稱仁義禮智，仁乃居統攝地位，作爲推恩的力量，孟子曰：「人皆有所不忍，達之於其所忍，仁也。人皆有所不爲，達之於其所爲，義也。人能充無欲害人之心，而仁不可勝用也。」（〈盡心下〉）又曰：「推恩足以保四海，不推恩，無以保妻子。古之人所以大過人者；無他焉，善推其所爲而已矣。」（〈梁惠王上〉）。仁能擴充與推恩，是心之功能，故仁即本心。孟子曰：「仁，人心也。」（〈告子上〉），又曰：「仁也者，人也。」（〈盡心下〉）。綜持言之：仁即人心，亦等於人性，它是實踐的本體。人有不忍人的惻隱之心，即可實踐愛人之事。

　　孟子論仁，一貫把握著「愛人」之旨，始終未離「以愛言仁」的範疇。孟子曰：「君子所以異於人者，以其存心也，君子以仁存心，以禮存心。仁者，愛人；有禮者，敬人。愛人者，人恒愛之。」（〈離婁下〉）。又曰：「仁者，無不愛也。」（〈盡心上〉）；「仁者，以其所愛，及其所不愛；不仁者，以其所不愛及其所愛。」（〈盡心下〉）。他強調推恩的重要，即推己及人。推己及人謂之恕，此乃行仁的工夫，孟子曰：「強恕而行，求仁莫近焉。」（〈盡心上〉），由恕求仁，最爲切實，是踐仁的真工夫，行仁而表現于人倫社會之上，便是孝與仁政。

　　孟子曰：「仁之實，事親是也。」（〈離婁〉）；「未有仁而遺其親者也。」（〈梁惠王〉）；「親親，仁也。」（〈盡心〉）；「仁之於父子也。」（〈盡心下〉）；「老吾老以及人之老；幼吾幼以及人之幼」（〈梁惠王〉）。所以，孝爲仁之始，仁以愛親爲第一，愛自己的父母，推恩及于天下人。蓋己之性命，生自父母，父子之間，有一原始的感情，此爲一切

感通之本。再由愛親敬長，推恩及于天下人，我與天下人缺乏直接血親，自然有次第差等之施，但人我本爲同體，故皆可與之相感通，而有相貫之情。

如上所述，仁乃本心本性，要在于「行」，否則，私欲蒙蔽，失其本心，則不仁矣。不仁者，非人也。孟子曰：「不仁者，可與言哉？安其危而利其菑，樂其所以亡者。不仁而可與言，則何亡國敗家之有。」（〈離婁上〉）；又曰：「三代之得天下也以仁，其失天下也以不仁。國之所以廢興存亡者亦然。天子不仁，不保四海；諸侯不仁，不保社稷；卿大夫不仁，不保宗廟；士庶人不仁，不保四體。今惡死亡而樂不仁，是猶惡醉而強酒。」（〈離婁上〉）。

所以，自天子及士庶人，皆以仁保之，保之則榮，「仁則榮，不仁則辱。」（〈公孫丑上〉）。孟子又曰：「堯舜之道，不以仁政，不能平治天下。」（〈離婁上〉），反之，堯舜以仁治天下，以仁得天下，「三代之得天下也以仁。」（〈離婁上〉）；「不仁而得天下，未之有也。」（〈盡心下〉）所以，「仁者無敵。」（〈梁惠王上〉）；「仁之勝不仁，猶水勝火。」（〈告子上〉）。

孟子倡王道，以爲政者必以仁，勉君王行三代先王之道，行仁政而王，天下莫之能禦。國君好仁，無敵於天下。苟能仁人在位，與民同心，行仁政，則王天下如折枝之易。所謂「與民同心」，即是與民同憂樂，「樂民之樂者，民亦樂其樂；憂民之憂者，民亦憂其憂。樂以天下，憂以天下。」（〈梁惠王下〉）。知百姓之憂樂，與民同之，雖寡人好貨，與民同之，使「居者有積倉，行者有裹糧。」；雖寡人好色，與百姓同之，

使「內無怨女，外無曠夫。」（〈梁惠王下〉）。君王能推己之心及于民者，天下可運於掌，推恩以何者爲優先憐卹？鰥、寡、孤、獨四者，皆苦難而無告者，在上位的仁者，有不忍人之心，行不忍人之政，仁覆天下矣。

孟子論仁的外王思想，乃爲仁政，或曰王道，即是先王之道，以此爲理想的政治。仁政必自經界始，「經界既正，分田制祿，可坐而定之。……請野九一而助，國中什一使自賦。卿以下必有圭田，圭田五十畝，餘夫二十五畝。死徙無出鄉，鄉田同井。出入相友，守望相助，疾病相扶持，則百姓親睦。方里而井，井九百畝，其中爲公田，八家皆私百畝，同養公田。公事畢，然後敢治私事，所以別野人也。」（〈滕文公上〉）。

仁政的實施，首先爲民置產，使民有恒產，「仰足以事父母，俯足以蓄妻子，樂歲終身飽，凶年免於死亡。」其要在於「省刑罰，薄稅斂，深耕易耨。」（〈梁惠王上〉），然後，明人倫，謹庠序之教，申之以孝悌之義，「壯者以暇日，修其孝悌忠信，入以事其父兄，出以事其長上。可使制梃，以撻秦楚之堅甲利兵矣。」（〈梁惠王上〉），使父子有親，君臣有義，夫婦有別，長幼有序，朋友有信，人之大倫存焉，人倫存而萬物育，由人倫及于庶物，孟子曰：「君子之於物也，愛之而弗仁，於民也，仁之而弗親，親親而仁民，仁民而愛物。」（〈盡心上〉）。

君子之於物，愛之養之，惜取愛護。對禽獸草木，無失其時，用之有節，取之有道，蓋萬物皆備於我，與我同爲一體，孟子曰：「萬物皆備於我矣，反身而誠，樂莫大焉。」（〈盡心上〉）能達于此境，仁體朗現，仁德廣擴，包涵萬有矣，是

爲仁者的境界，仁者與萬物爲一體，消除了人我的界限，天下盡歸於自己的仁德之中，上下與天地同流。孟子曰：「君子所過者化，所存者神，上下與天地同流。」（〈盡心上〉）。所以，君子以仁存心，神妙不測，故能知性知天。以德服人，無人不化，其盛德大業，與天地合其德。

綜前所言：孟子論仁，概括「內聖外王」、「天人合一」二義。以見孟子之學，與孔子堯舜之道，甚少差別。或有異者，更及於政治與社會的應用，比孔子較有外王的規模。此外，比孟子稍後的大儒荀卿，雖以禮爲道德之極，「學至乎禮而止乎」（《荀子・勸學》），但論仁之處亦不少，其義有同於孔孟者；有異乎孔孟者，今以附錄記之於后：

附錄：荀子論仁之要

甲：意義同於孔孟者

一、仁者，愛人。（《荀子・議兵》）

二、仁，愛也，故親。（〈大略〉）

三、親親故故，庸庸勞勞，仁之殺也。（〈大略〉）

四、仁眇天下，故天下莫不親也。（〈王制〉）

五、仁人在上，則農以力盡田，賈以察盡財，百工以巧盡械器。（〈榮辱〉）

六、行一不義，殺一無罪，而得天下，仁者不爲也。（〈王霸〉）

七、仁者必敬人，敬人有道，賢者則貴而敬之；不肖者則畏而敬之。（〈臣道〉）

八、仁者之思也恭。（〈解蔽〉）

九、君子之行仁也，無厭；志好之，行安之，樂言之。（〈非

相〉）

十、知而不仁不可，仁而不知不可，既知且仁，是人主之實也。（〈君道〉）

十一、仁者，先仁而後禮。（〈大略〉）

十二、仁義德行，常安之術。（〈榮辱〉）

十三、先王之道，仁之隆也，比中而行之。（〈儒效〉）

十四、仁人之用國，將修志意，正身行，伉隆高，致忠信，期文理。（〈富國〉）

十五、仁之所在，無貧窮，仁之所亡，無富貴。（〈性惡〉）

十六、君子處仁以義，然後仁也。（〈大略〉）

十七、君子養心莫善於誠，致誠則無一它事矣。唯仁之爲守，唯義之爲行。誠心守仁則形，形則神，神則能化矣。（〈不苟〉）

乙：意義異於孔孟者

一、「不聞，不若聞之；聞之不若見之；見之不若知之，知之不若行之，學至於行之而止矣。行之，明也，明之爲聖人。……不聞不見，則雖當，非仁也。」（〈儒效〉）。荀子立論，皆以感官經驗爲限，反對孟子的內在經驗。行仁也以聞見爲當，不能把握「反身而誠」的當下之機。

二、「塗之人可以爲禹，曷謂也？曰：凡禹之所以爲禹者，以其爲仁義法正也。然則仁義法正，有可知可能之理。然而塗之人也，皆有可以知仁義法正之質，皆有可以能仁義法正之真，然則其可以爲禹明矣。」（〈性惡〉）荀子以爲仁義法正是可能可知的客觀之理，人人有仁義法正之質具，只須爲學，積善而不息，可以參於天地矣。

三、「夫人雖有性質美而心辯知，必將求賢師而事之，擇良友而友之，得賢師而事之，則所聞者堯舜禹湯之道也，得良友而友之，則所見者忠信敬讓之行也，身日進於仁義而不知者也，靡使然也。」（〈性惡〉）。荀子以爲仁（義）可由後天的學習而求得，有後天的經驗性。

第二節　董仲舒《春秋繁露》的
仁者憯怛愛人

董仲舒是西漢廣川（今河北省棗強縣）人，約生於呂后 5或 6 年（西元前 183 或 182 年），博通五經，精通《公羊春秋》，漢景帝時爲博士。漢武帝元光元年（西元前 134 年），舉拔賢良文學，董仲舒提出三篇對策，甚爲武帝所重視，先後任命爲江都王相、中大夫、膠西王相，晚年退隱著書，著有《春秋繁露》17 卷，文集 2 卷，約卒於元鼎 2 年（西元前 115 年），享年 68 歲。他在〈賢良對策〉中，提出「罷黜百家，獨尊儒術」的建議，被漢武帝採納後，儒家學說正式登上中華文化正統學術的寶座，他的《春秋繁露》，正是漢代儒學的代表。在董仲舒的思想體系中，「天」的地位佔最重要的份量。他強調「天者，百神之大君也。」（〈郊語〉），〈郊義〉說：

> 天者，百神之君也，王者之所最尊也。

上天是眾多神明的君主，更是萬物的主宰，人受命於天，天是有意志的尊神。董仲舒稱上天的意志爲：天命、天志、天

意、天令、天威、天譴、天佑等。而所謂天子，是上天之子。
〈郊語〉說：「天子者，則天之子也，以身度天。」，〈三代
改制質文〉說：「天佑而子之，號稱天子。」，〈順命〉說：
「天子受命於天。」既然天子是上天之子，天子如何對待天？
董仲舒提出：知天、敬畏天、祭天、法天、謹承天意、配天、
參天等大義。

一、人之受命於天，取仁於天而仁

　　董仲舒對孔子仁道的詮釋，也直接以天命（天志、天意、
天令）為依歸，《春秋繁露・王道通》說：

> 王者唯天之施，施其時而成之，法其命而循之諸人，法
> 其數而以起事，治其道而以出法，治其志而歸之於仁。
> 仁之美者在於天，天，人也……人之受命於天也，取仁
> 於天而仁也……唯人道為可以參天……人生於天，而取
> 化於天。

　　董仲舒強調「法天」的重要，君王要效法天志而歸於仁，
因為天是仁愛的，美好的仁德源自於天，天生育萬物，象徵無
窮的仁愛，人受命於天，效法天的仁德而表現仁愛，效法天道而
治理人民，效法天命而撫慰百姓，因為只有人道可以參通天道。
　　值得注意的是，董仲舒以類比方法，將人的喜、怒、哀、
樂，譬喻為天的春、夏、秋、冬，賢明的君王適當的喜悅相當
春天、適當的發怒相當秋天、適當的快樂相當夏天、適當的悲
哀相當冬天，春天類似仁愛、秋天猶如嚴厲、夏天比喻快樂、
冬天類比悲哀。春天的仁愛之氣生長萬物、夏天的快樂之氣養

育萬物、秋天的嚴厲之氣成就萬物、冬天的悲哀之氣保存萬物，這都是天的仁愛之心的展現。

二、仁者，憯怛愛人，謹翕不爭，好惡敦倫

《春秋繁露・必仁且智》說：

> 何謂仁？仁者，憯怛愛人，謹翕不爭，好惡敦倫。無傷人之心，無隱忌之志，無嫉妒之氣，無感愁之欲，無險詖之事，無辟違之行，故其心舒，其志平，其氣和，其欲節，其事易，其行道，故能平易合理而無爭也，如此者，謂之仁。

董仲舒詮釋仁的內涵是：誠懇愛人，言行恭敬，與人不爭，喜好或厭惡都合於倫理，沒有傷害人之心，沒有嫉妒人之意，沒有感傷憂愁之欲，沒有邪僻不正之事，沒有違背道理之行。因此，仁者的內心舒暢，心志平和，志氣溫和，慾望有節制，處事平易，行為合理，平易近人，沒有爭執。董仲舒界定仁的意涵，大抵合乎《論語》仁的意涵。不過，值得注意的是，董仲舒以仁義分殊的觀點，以「愛人」界定仁的意涵，卻窄化孔子仁道的大義。《春秋繁露・仁義法》說：

> 春秋之所治，人與我也，所以治人與我者，仁與義也；以仁安人，以義正我……春秋為仁義法，仁之法在愛人，不在愛我；義之法在正我，不在正人……質於愛民以下，至於鳥獸昆蟲莫不愛，不愛，奚足謂愛？仁者，愛人之名也……仁者愛人，不在愛我，此其法也……愛在人，謂之仁；義在我，謂之義；仁主人，義主我也，故曰：

　　仁者，人也。

　　董仲舒強調仁義分殊，仁的意涵是愛別人，安定別人；義的意涵是改正自己。帝王真誠的愛護百姓，以至於昆蟲鳥獸無不愛；以義正我，不以義正人，所以說：仁者愛人，不在愛我。值得注意的是，儒家的仁是有差等的愛，親親而仁民，仁民而愛物。愛之所以有差等、有親疏，是因爲客觀對象本身有所差別，所施不能無差等，雖然有差等卻又有聯貫。從親愛自己的親人出發，不斷推恩，推向仁愛百姓，再推向愛惜萬物，這就形成了儒學的仁愛聯貫系列。

三、仁者，正其道不謀其利，修其理不急其功

　　筆者以爲最足以代表董仲舒詮釋仁的意涵者，是《春秋繁露·對膠西王越大夫不得爲仁》說：「仁者，正其道不謀其利，修其理不急其功。」（《漢書·董仲舒傳》云：「仁人者，正其宜不謀其利，明其道不計其功。」）仁者秉持中正之道而行，不爲私利打算，依照一定的道理處事，不急著立見功效，能夠潛移默化人心，改變社會的風俗習慣，看來卻沒有甚麼作爲，可說是仁聖的帝王，夏禹、商湯、周文王等人，即是仁聖的帝王。

第三節　周敦頤《通書》的仁之本德

　　宋明儒學，通稱理學，或謂道學，西方學者名之爲「新儒學」，以濂溪爲開山，周子之前，另有胡瑗、孫復、石介等人

爲之先驅，是爲洛學的前期人物。濂溪之學，本無師承，只是歷史運會所至，文化生命發展的結果，自然與聖賢相應，成爲宋明儒的開山。生平著有《太極圖說》，詳言天理之源，窮究萬物之始終；又著《通書》，闡明太極之蘊，天人思想。《通書》本稱《易通》，是濂溪傳道之書，共四十章。從《太極圖說》與《通書》之大義而言，濂溪雖遊於方外，但由道入儒，兩者融爲一體，重在道德與事功的實踐，以「誠」爲學之本。黃宗羲曰：「周子之學，以誠爲本，從寂然不動處，握誠之本，故曰：主靜立人極，本立而道生，千變萬化皆從此出。化吉凶悔吝之途，而反覆其不善之動，是主靜真得力處。靜妙于動，動即是靜，無動無靜，神也，一之至也，天之道，千載不傳之妙固在是矣。」（〈濂溪學案下‧宗羲案語〉）。

今釋《通書》節要如下：

〈誠上〉第一：誠者，聖人之本，大哉乾元，萬物資始，誠之源也。乾道變化，各正性命，誠斯立焉，純粹至善者也。故曰：一陰一陽之爲道，繼之者善也，誠之者性也，元亨，誠之通，利貞，誠之復也，大哉易也，性命之源乎。」

《通書》第一章以《中庸》的「誠」詮釋《易傳》，「誠者，聖人之本」乃直接自《中庸》「天地之道可一言而盡也，其爲物不二，則其生物不測。」以及「惟天下之至誠，爲能盡其性。」而說。誠乃專精純一，真實無妄者，爲人性之本然，是人人原有的真生命，更爲宇宙創造的真幾。而乾元亦是宇宙創造的真幾，萬物發用的本源，它創生萬物，自有所立，爲萬物所資以爲始者。所以，誠即乾元，誠之道有四：源、立、通、

復。誠乃萬物發用的本源，為萬物所資以為始者，故曰之「誠之源」；誠者，實現萬物，自立道體，曰之「誠斯立焉」；誠之流行，通達不息，生機不滯，所以言「誠之通」；誠體一貫，有始有終，各正性命，誠之復也。值得注意的是，孔子的仁即是人本俱有的真生命，宇宙創造的真幾。濂溪不說仁學，另言誠體。又《周易》之「乾元」即是仁，故仁即是乾元，亦即是誠。

〈誠下〉第二：聖，誠而已矣。誠，五常之本，百行之源，靜無而動有，至正而明達也。五常百行，非誠非也，邪暗塞也，故誠則無事矣。至易而行難，果而確無難焉，故曰「一日克己復禮，天下歸仁焉。

《通書》第 2 章言聖者乃誠而已矣，誠是天道，德之根源，倫理之大本。故曰：「誠，五常之本，百行之源也。」誠的本體雖靜無而動有，至正而明達。誠體絕非死物，靜時無聲無臭，動則萬有隨事而發，感應不差。誠則無事矣，天下歸仁，即誠之圓滿完成。

〈誠幾德〉第三：誠無為，幾善惡。德：愛曰仁，宜曰義，理曰禮，通曰智，守曰信。性焉安焉之謂聖，復焉執焉之謂賢。發微不可見，充周不可窮之謂神。

《通書》第 3 章言誠體：誠體自然流行，無有造作，無思無為，全是出乎天，而無人為，它是道德的本源，有仁、義、禮、智、信諸德，以誠統攝之。

〈聖〉第四：寂然不動者，誠也。感而遂通者，神也。動而未形有無之間者幾也。誠精故明，神應故妙，幾微故幽，誠、神、幾曰聖人。

《通書》第 4 章以「寂然不動」言「誠之體」，感而遂通

論「誠之用」。「寂然不動，感而遂通」是《易傳》的形上義，最玄妙的智慧，濂溪因此語而體悟誠體，誠是道德的本體，唯有聖人純然專一，實踐道德，可達誠、神、幾之境界。實則，「誠、神、幾，名異而實同，以其無為謂之誠，以其無而實有謂之幾，以其不落於有無謂之神。」[1]此是天道性命相貫通的圓滿境界。

> 〈道〉第六：聖人之道，仁義中正而已矣。守之貴，行之利，廓之配天地，豈不易簡？豈為難知？不守不行不廓耳。

《通書》第 6 章認為誠體之流行不滯，可以朗現仁義中正，且就具體內容而言，亦仁義中正而已矣。仁義中正本是實踐之事，行為的標準，只須守之、行之、則廓之配天地，即與天地合其德。須知，孔子踐仁知天，即是「與天地合其德」的境界，本章之旨，亦合于孔子之義。

> 〈順化〉第十一：天以陽生萬物，以陰成萬物。生，仁也；成，義也。故聖人在上，以仁育萬物，以義正萬民。天道行而萬物順，聖德修而萬民化，大順大化，見其跡，莫知其然之謂神，故天下之眾，本在一人，道豈遠乎哉！術豈多乎哉。

《通書》第 11 章言順化。順化者，聖人以天道治萬民也，此為濂溪政治哲學之要旨。順者，天道行而萬物順；化者，聖德修而萬民化。濂溪以仁為生德，生生不已；義為成德，成就萬物。故言陽生陰成，天地之心。聖人純德，朗現誠體，以仁

---

1 見《宋元學案》285 頁〈濂溪學案百家謹案〉。

愛之德覆育萬物，以合宜之義教正萬民，故能大順大化，皆誠體神妙之用。誠遠乎哉，我欲誠，反身而誠；術多乎哉，一而已，一者，誠也。

〈聖學〉第二十：聖可學乎？曰：可。曰：有要乎？曰：有，請聞曰：一為要，一者無欲也。無欲則靜虛動直，靜處則明，明則通，動直則公，公則溥，明通公溥，庶矣乎。

《通書》第 20 章言無欲，是濂溪的修養方法。無欲是學，無欲是聖，所以能無欲者，「誠」而已矣，亦「公」是也，乃無己私利害參與其間者。無欲能靜虛，靜虛則動直，動直合宜，不假私欲，則明、通、公、溥。明者，義也；通者，智也；公者，仁也；溥者，禮也，四者皆重在明通主靜之意，皆清明誠體之瑩徹通達與真實朗現，聖可學乎？要在自己實踐學聖的工夫，以心為之主宰，自覺地體現誠體。

〈顏子〉第二十三：顏子一簞食，一瓢飲，在陋巷，人不堪其憂，而不改其樂。夫富貴人之所愛也，顏子不愛不求而樂乎貧者，獨何心哉？天地間有至貴至愛可求而異乎彼者，見其大而忘其小焉爾，見其大則心泰，心泰則無不足，無不足則富貴貧賤處之一也。處之一則能化而齊，故顏子亞聖。

《通書》第 23 章申明志學之義。顏子盡克己工夫，故能化而齊，使富貴貧賤如一，天地間一切都化了，則心泰無不足，事事皆樂。明道曰：「昔受學於周茂叔，每令尋仲尼顏子樂處，所樂何事？」，又曰：「自見周茂叔後，吟風弄月以歸，有吾

與點也之意。」[2]

〈乾損益動〉第三十一：君子乾乾，不息於誠，然必懲
忿窒慾，遷善改過而後至，乾之用其善，是損益之大，
莫是過聖人之旨，深哉！吉凶悔吝生乎動，噫！吉一而
已，動可不慎乎。

《通書》第 31 章言慎動，君子乾乾不息，有動有靜，「誠」
而已矣！其要在乎慎獨，至慎无妄，獨能神幾。

〈家人睽復无妄〉第三十二：治天下有本身之謂也，治
天下有則家之謂也。本必端，端本誠心而已矣，則必善，
善則和親而已矣。家難而天下易，家親而天下疏也，家
人離必起於婦人，故睽次家人，以二女同居而志不同行
也。堯所以釐降二女于嬀汭，舜可禪乎！吾茲試矣，是
治天下觀於家，治家觀於身而已矣，身端心誠之謂也。
誠心復其不善之動而已矣，不善之動妄也，妄復則无妄
矣，无妄則誠矣，故无妄次復而曰先王以茂對時育萬物
深哉！

《通書》第 32 章言治天下，「誠心」而已矣，以誠存心，
不誠則喪失本心。妄乃不善之動，今「无妄」是復其天命之性，
无妄則誠，誠乃育萬物、治天下之妙道。

〈擬議〉第三十五：至誠則動，動則變，變則化，故曰：
擬之而後言，議之而後動，擬議以成其變化。

《通書》第 35 章言「至誠」，誠體以仁為動，動則變化，
故曰：擬之而後言，議之而後動，皆至誠之神化。

---

2 見《宋元學案・濂溪學案下》第 304 頁，世界書局印行。

〈公〉第三十七：聖人之道，至公而已矣，或曰：何謂也？曰：天地至公而已矣。

《通書》第 37 章言「至公」，公者，仁也。所謂「至公」，乃廓然大公，不假己私，以仁爲體，義以爲用。存心行義而後能中正，物來而順應。

以上簡論《通書》節錄諸章，于其思想，有一綜觀：濂溪對誠之寂感真幾，有深切的體悟，所謂「默契道妙」者。雖不直接以孔子之「仁」而立說，但是，直承儒家之緒而不誤。黃勉齋曰：「周子以誠爲本，以欲爲戒，此周子繼孔孟不傳之緒也。」（〈濂溪學案〉）。濂溪以誠釋道體，誠即天道，爲宇宙創造的真幾，亦是心，即是神，誠神幾是天道性命相貫通的境界。

周子以誠貫通性命與天道，如同孔子以仁貫通性命與天道。濂溪又以誠統攝諸德，誠是五常之本，百行之源，如同孔子以仁統攝諸德，是倫理之本、道德之源。所以，周子所謂的「誠」相當於孔子的「仁」，乃本乎《中庸》、《易傳》而言，然而，《中庸》、《易傳》的「誠」卻根源於孔子的「仁」，因此，誠者、仁者，其實一也。故曰：《通書》乃仁之本德之說。

第四節　張載〈西銘〉求仁之學

子厚乃豪傑之士，氣質剛毅，德盛貌嚴。年少喜兵，出入佛老多年。見二程子後，歸正儒道。精思力踐，苦心力索，毅然以聖學爲己任，復求三代之治。嘗曰：「爲天地立心，爲生

民立命，為往聖繼絕學，為萬世開太平。」[3]。此語乃橫渠體貼儒學，而提出的高遠理想與偉大抱負。對宇宙全體而言，吾人當立天地之志，太虛神德之心，求道之永恆。堅定神化之正命，發揚其精神，為人類社會傳繼道德倫理，推擴光大，貫徹道統，開創萬世之太平，進達大同之治。其〈西銘〉，即為此志之文粹者也。

〈西銘〉曰：

> 乾稱父，坤稱母，予茲藐焉，乃渾然中處。故天地之塞吾其體，天地之帥吾其性，民吾同胞，物吾與也。大君者，吾父母宗子；其大臣，宗子之家相也。尊高年，所以長其長，慈孤弱，所以幼其幼，聖其合德，賢其秀也。凡天下疲癃殘疾惸獨鰥寡，皆吾兄弟之顛連而無告者也。於時保之，子之翼也。樂且不憂，純乎孝者也。違曰悖德，害仁曰賊，濟惡者不才，其踐形，唯肖者也。知化則善述其事，窮神則善繼其志。不愧屋漏為無忝，存心養性為匪懈。惡旨酒，崇伯子之顧養；育英才，穎封人之錫類。不弛勞而底豫，舜其功也；無所逃而待烹，申生其恭也。體其受而歸全者，參乎；勇於從而順命者，伯奇也。富貴福澤，將厚吾之生也；貧賤憂戚，庸玉女於成也。存吾順事，沒吾寧也。

〈西銘〉原稱〈訂頑〉，乃橫渠銘其書室之兩牖之文。東

---

3 吳怡教授以為橫渠的這四句，體大思精，最能表現中國哲人的心願，成為中國哲學的任務。「為天地立心」是中國哲學的天道思想；「為生民立命」，是中國哲學的性命思想；「為往聖繼絕學」，是中國哲學的道統思想；「為萬世開太平」，是中國哲學的文化理想。吳怡著《哲學演講錄》第33頁。

曰：「砭愚」；西曰：「訂頑」。依伊川之意，改砭愚曰東銘，改訂頑曰西銘。

　　〈西銘〉總持儒家倫理思想之精神，盡括古來聖賢的人生哲學，而示人以踐履之事，躬行而不可須臾離也。其說仁之處，意義廣遠，非僅涵備仁孝至理，更要「求仁」以事天。故得學者極力尊崇，明道贊之曰：「〈西銘〉某得此意，只是須得子厚如此筆力，他人無緣做得。孟子以後未有人及此，得此文字省多少言語。要之仁孝之理備於此，須臾而不如此，則便不仁不孝也。」又曰：「若〈西銘〉，則是原道之宗祖也。原道卻只說到道，元未得〈西銘〉意思。據子厚之文，醇然無出此文也，自孟子後，蓋未見此書。」。

　　張南軒亦曰：「〈西銘〉謂以乾為父，坤為母，有生之類，無不皆然，所謂理一也。而人物之生，血脈之屬，各親其親，各子其子，則其分亦安得而不殊哉？是則然矣；然即其理一之中，乾則為父，坤則為母，民則為同胞，物則為吾與，若此之類，分固未嘗不具焉。」（《宋元學案・橫渠學案》）。橫渠本乎孔子之仁而言，合人事與天道為一，講述踐履規模，擴前聖所未發。

　　〈西銘〉開宗明義言人與萬物皆稟受天地而生，天地相當於萬物的父母。乾者，天也，健而無息，萬物所資以為始者；坤者，地也，順而有常，萬物所資以為生者。合而言之，乾坤是大父母，即人得天地之太虛神德以為性，天地之氣形成人之身，人乃乾坤之子。萬物既同一父母，故人與物渾然為一體，人處天地之中，雖然渺小，卻與萬物無間，息息相關，所以，人人都是同胞，天地的子女。至於動物、禽獸、花草、木石，

亦為天地所化生，愛之、畜之、視之如同類己輩。

橫渠本乎孔子「汎愛眾」及孟子「仁民愛物」之意而言。徹悟「理一分殊」，所以明生命之源。朱子在〈西銘注〉一文中曰：「蓋以乾為父，以坤為母，有生之類，無物不然，所謂理一也。而人物之生，血脈之屬，各親其親，各子其子，則其分亦安得而不殊哉？一統而萬殊，則雖夫萬殊而一貫，則雖親疏異情，貴賤異等而不牿於我之私，此〈西銘〉之大指也。觀其推親親之厚，以大無我之公，因事親之誠，以明事天之道，蓋無適而非所謂分殊而推一也。」（《橫渠全集》卷一）

故凡與己同生于天地者，皆同胞也，而以天子繼承天地，總理人物，主天地之事；大臣輔助天子，是天子的家相。年高者，有若吾兄，故當尊敬；孤兒幼子，有若吾弟，慈愛育之，凡天下病老殘廢、鰥、寡、孤、獨，皆吾兄弟之顛沛困頓者，仁者當敬業，不可忽失，保恤此輩。時時感謝上天的優遇與父母的恩德，待人以誠，處事以忠，不憂不懼，樂天知命。如有循私背理，違逆天道，多行不義，戕滅天理，大逆淫虐，傷害天地之仁道者，謂之「逆賊」，又有幫凶助惡之輩，是天地不才之子。

惟孝子善繼人之志，善述人之事，恪保上天所賦予之善性，盡人本分。承繼父母的遺志與事業，修養德性，體認天道，自然就能夠窮神知化，瞭解宇宙的化生。至此境界，心胸坦然，光明磊落，仰不愧，俯不怍，無忝父母，存養仁心，長育善性，踐形事天。聖賢踐仁，盡性事天，純是孝子仁人之行，此種模範有如：禹之戒惡美酒，遏止私欲，思念父母之恩育，顧全上天之養，盡其孝道。傳說在夏禹時代，有個名叫儀狄的人，因為善於釀造美酒，而聞名遐邇。有一次，儀狄把自己釀的好酒，

獻給大禹品嚐。禹飲了儀狄的酒後，感覺十分的甘美。但是，他卻說：「如此好的美酒，後世之人，一定會有人因爲沉醉於酒，而致於國家滅亡的！」因此他疏遠了儀狄，並且不允許儀狄再來覲見，同時下令宮內不許飲酒。

潁考叔得天下英才而教之，助鄭莊公與母親和好，此種「錫類」的仁愛之心，是孝子的義舉。潁考叔是春秋時期鄭國潁邑大夫，西元前 722 年，鄭莊公殺死弟弟共叔段，對母親武姜發誓，不到黃泉不相見。在潁谷封人（《周禮》謂地官司徒所屬有封人，掌管修築王畿、封國、都邑四周疆界上的封土堆和樹木，春秋時各諸侯國都設有封人，典守封疆。）潁考叔的建議下，讓鄭莊公闕地及泉，隧而相見，鄭莊公和武姜便在「地道」（象徵黃泉）相見，母子和好。

大舜辛勞工作，盡事親之道，以求父母之愛，終於得到父母的歡心。恭世子申生順於父母，不辯不逃，受賜而死（古代諸侯的嫡長子稱爲世子，春秋時代晉獻公的世子申生，受其庶母驪姬陷害，在獻公的食物中下毒，然後嫁禍給申生；獻公寵愛驪姬，信以爲真。申生的異母弟弟公子重耳勸他向父親辯白，申生不想傷父親的心，重耳勸他出走，他寧願就死，後人稱他「恭世子」。《禮記・檀弓上》），蓋修身俟命之。曾子事親至孝，不敢毀傷受之父母的身體髮膚，不虧其體，不辱其身，保全身體，復歸於父母（曾子，名參，字子輿，春秋時代魯國南武城人（今山東費縣），爲曾皙之子，孔子弟子，少孔子四十六歲。曾子事親至孝，《孟子・離婁上》載：「曾子養曾皙，必有酒肉。」〈盡心〉記載：「曾皙喜食羊棗，曾皙死後，曾子即不忍再食羊棗。」孔門弟子中，以曾子孝行最著。《論語・

泰伯》曰：「曾子有疾，召門弟子曰：啓予足！啓予手！《詩》曰：戰戰兢兢，如臨深淵，如履薄冰。而今而後，吾知免夫！小子。」曾子得了重病，將學生召集起來，說：「同學們啊，看看我的手！看看我的腳！看有沒有受過傷，我一生謹慎，總是小心翼翼，身體沒有受過傷，就像站在深淵之旁，就像踩在薄冰之上。現在，我知道我的身體再也不會受傷了！」）。伯奇（古代孝子，相傳爲周宣王時重臣尹吉甫長子。母死，后母欲立其子伯封爲太子，乃譖伯奇，吉甫怒，放伯奇于野。）唯令是從，勇於順受，吉凶禍福，天之所以命我者。

　　所以，富貴福澤，乃上天所賦之優厚條件，令吾人成就德業，如周公之富，闡揚文化，不至於驕。貧賤憂戚，窮困卑微，乃上天之錘鍊，要人堅苦心志，勞動筋骨，貧乏身家，動心忍性，欲使吾人有所成就。所以，生則順天道以行人事，歿則從容不迫，心安而無愧，生死無所憾。

　　〈西銘〉以孝子喻仁人，要學者求仁，上承天心之仁愛，涵養一體之痛癢，則可與天地萬物爲一體，天道性命亦相貫通而爲一，此境界，仁之極則也。濂溪除〈西銘〉論仁之外，所著《正蒙》一書，亦有多處言仁，今以附錄記之于后。

附錄：橫渠論仁之要

一、天道四時行，百物生，無非至教。聖人之動，無非至德。夫何言哉？天體不遺，猶仁體事無不在。禮儀三百，威儀三千，無一物而非仁也。昊天曰明，及爾出王；昊天曰旦，及爾游衍，無一物之不體也。

　　此段文意，指明天道性命相貫通，天人不二之旨。天道即仁德，仁心即天心，天道與仁體皆創生原理。禮儀三百，威儀

三千，乃仁心所生，仁體所貫，無一物不因仁之感潤而生生不息。故曰：「仁體事無不在。」[4]

　　二、義以反精為本，經正則精。仁以敦化為深，化行則顯義入神，動一靜也。仁敦化，靜一動也，仁敦化則無體，義入神則無方。

仁以敦化流行為用，化行則顯，即「顯諸仁」是也。

　　三、中心安仁，無欲而好仁，無畏而惡不仁，天下一人而已，惟責己一身當然爾。

安仁、好仁、惡不仁等，要在于「無欲」、「無畏」。克去己私人欲，行中正之道，則無惡矣。

　　四、仁道有本，近譬諸身，惟以及人，乃有方也。必欲博施濟眾，擴之天下，施之無窮。必有聖人之才能，宏其道，制行以己，非所以同乎人。

仁道有本，一本萬殊，親親而仁民，仁民而愛物，知其分殊，自有差等，自然施用，先後有序，惟以及人，能盡道耳。其道無窮，感潤萬物，遍成一切。

　　五、安所遇而敦仁，故其愛有常心，有常心，則物被常愛。

仁者，敦仁，常懷愛心，能愛萬物，仁者愛也。

　　六、仁者愛人，彼不仁而疾之深，其仁不足稱也，皆迷謬不息之甚，故仲尼率歸諸禮云。

以愛言仁，仁者愛人。

　　七、仁統天下之善；禮嘉天下之會；義公天下之利；信

---

4 牟宗三說：「仁體事無不在，就仁心之感通、關切、知痛癢、不麻木言，此『體』字卻非認知意義的『體察』、『體認』、『體究』之意，而是道德意義的立體直貫之體諒、體恕之意。」見《心體與性體》第一冊第540頁。

> 一天下之動，六爻擬議，各正性命。故乾道旁通，
> 不失太和，而利且貞也。

仁爲至德，統攝諸德，亦統天下之善。

> 八、性天經，然後仁義行。故曰：有父子君臣上下，然
> 後禮義有所錯，仁通極其性，故能致養而靜以安，
> 義致行其知，故能盡文而動以變。

仁通性命天道而爲一，以靜爲體，靜而能動，仁之神動。

> 九、敦篤虛靜者，仁之本。不輕妄，則是敦篤也；無所
> 繫閡昏塞，則是虛靜也。此難以頓悟，苟知之，須
> 久於道實體之，方知其味，夫仁亦在乎熟之而已。

此自「虛靜」說仁，敦篤虛靜者，仁之本體。仁之感通，
通達清徹，無昏塞。

> 十、仲田樂善，故車馬衣裘喜與賢者共敝。顏子樂進，
> 故願無伐善施勞。聖人樂天，故合內外而成其仁。

仁是太虛神體，至大無外，本無內外之分，渾然一體。

> 十一、有德篇：不穿窬義也，謂非其有而取之曰盜，亦
> 義也，惻隱仁也，如天亦仁也。故擴而充之，不
> 可勝用。

仁是惻隱之心，本心即性，如天是仁，仁心即天心，天道
即仁道，亦天道性命相貫通之旨。

第五節　程顥〈識仁篇〉的渾然仁體

明道之學，以識仁爲主，〈識仁篇〉曰：

　　學者須先識仁。仁者，渾然與物同體；義、禮、智、信皆仁也。識得此理，以誠敬存之而已，不須防檢，不須窮索；若心懈則有防；心苟不懈，何防之有？理有未得，故須窮索；存久自明，安待窮索？此道與物無對，大不足以明之。天地之用，皆我之用。孟子言：「萬物皆備於我」，須「反身而誠」，乃得大樂。若反身未誠，則猶是二物有對，以己合彼，終未有之，又安得眾？〈訂頑〉意思，乃備言此體，以此意存之，更有何事？「必有事焉而勿正，心勿忘，勿助長」，未嘗致纖毫之力，此其存之之道，若存得便合有得。蓋良知良能，元不喪失，以昔日習心未除，卻須存習此心，久則可奪舊習。此理至約，惟患不能守。既能體之而樂，亦不患不能守也。

　　〈識仁篇〉原是明道對呂與叔之問而說者，編於《遺書》第二中之一段。學者皆推崇，象山贊之曰：「夫子以仁發明斯道，其言渾然縫。」，此言明道以「仁」為學之本，仁為道德實踐或宇宙化生的本源或實體。明道首要學者識仁，不以防檢、窮索為學，防檢、窮索是志學行仁而未能圓融明澈者所不可免的下學工夫。先生指點與叔須先默識純亦不已之道德本體，把握倫理實踐的正確方向，即「先識仁體」；再以「誠敬」存之。

　　誠敬是克去己私之方，涵養至大公無私，即有所自得，而舊習滌盡，明道曰：「學者須敬守此心，不可急迫，當栽培深厚，涵泳於其間，然後可以自得，但急迫求之，只是己私，終不足以達道。」，又曰：「體物而不可遺者，誠敬而已矣。不誠，則無物也。」，「曰：『維天之命，於穆不已，於乎不顯，

文王之德之純。』，純則無間斷。」（〈明道學案〉）

　　吾人于日常生活之中，誠敬不已，則無須防檢，仁性自存而不失矣。蓋仁是人的本然之性，人人俱有的真實生命，遍潤一切而與物無對者，故曰：「仁者渾然與物同體。」，此意人與天地萬物本為一體，不過，人多為私心所蔽，固執個體，遂與世界分隔。吾人識仁與修養之目的，即在消除此限，返歸於萬物一體之境界，弗有物我、內外之分。所謂「天人一也，更不分別。」（《遺書》卷二）。能修養至與萬物為一體，謂之「盡性」。

　　明道曰：「窮理盡性以至於命，三事一時並了，元無秩序，不可將窮理作知之事，若實窮得理，則命性亦可了。」（《遺書》卷二）。明道論仁，最能承應孔子的指點義，明道曰：「義、禮、智、信皆仁也。」，明道以仁為全德，統攝一切德目，乃德性行為的總根源，以感通為性。[5]由於仁之不斷感通，遂能親親仁民愛物，極至「以天地萬物為一體」。

　　綜前所說：仁心、仁性、仁德、仁理、仁體、六詞通用：仁心是就良知良能元不喪失而說；仁性是依感通覺潤而言；仁是全德，綜攝一切德目，義禮智信皆仁也，故曰「仁德」；「仁理」是就「識得此理，以誠敬存之而已」而論，此理即仁理；又「此道與物無對，大不足以明之」之道，即是仁道；最後，「以天地萬物為一體」，此即仁之所以為「仁體」者。明道除〈識仁篇〉之外，尚有多處論仁，以下所錄諸條，更可體認「夫子以仁發明斯道」一語之中肯。

5　牟宗三說：「仁以感通為性，以潤物為用。」見《心體與性體》第2冊第223頁。

一、醫書言手足痿痺為不仁，此言最善名狀。仁者以天
　地萬物為一體，莫非己也，認得出來，何所不至？
　若不有諸己，自與己不相干。如手足不仁，氣已不
　貫，皆不屬己。故博施濟眾，乃聖人之功用。仁至
　難言，故曰：「己欲立而立人，己欲達而達人，能
　近取譬，可謂仁之方也已。」欲令如是觀仁，可以
　體仁之體。（〈明道學案上〉）

　　明道以「手足痿痺為不仁」來形容仁心之感覺。「不仁者」
乃不自覺，不識義理之人，反之，有感覺、認義理，當下呈露
不忍、不安之心者，即是仁者。仁者以天地為一身，萬物為一
體。觀其氣象，心廣體胖，動容自然。

二、孟子曰：「仁也者，合而言之之道也。」《中庸》
　所謂「率性之謂道」是也，仁者，人此者也。「敬
　以直內，義以方外」，仁也，若以敬直內，則便不
　直矣。行仁義，豈有直乎？……「必有事焉而勿正」，
　直也。夫能「敬以直內，義以方外」，則與物同矣。
　故曰：「敬義立而德不孤」，是以仁者無對。放之
　東海而準，放之西海而準，放之南海而準，放之北
　海而準。醫家言四體不仁，最能體仁之名也。（《遺
　書》第11）

　　明道由「敬以直內，義以方外」體認仁體。敬是發自內心
之誠，直通仁體的態度，義是正外界事物之方，敬義合而言之，
即是仁體。明道曰：「學者不必遠求，近取諸身，只明天理，
敬而已矣，便是約處。」（《遺書》卷二）

三、天地之大德曰生，天地絪縕，萬物化醇，生之謂性。

萬物之生意最可觀，此元者，善之長也，斯所謂仁
也。仁與天地一物也，而人特自小之，何哉？」（《遺
書》十一）又曰：「靜後見萬物自然皆有春意。」

明道由「春意」、「生意」理會「生」義，亦即理會「仁」。
張橫浦曰：「明道書窗前有茂草覆砌，或勸之芟。曰：『不可，
欲常見造物生意。』，又置盆池，畜小魚數尾，時時觀之，或
問其故，曰：『欲觀萬物自得意，草之與魚，人所共見，唯明
道見草則知生意，見魚則知自得意，此豈流俗之見，可同日而
語？」（〈明道學案下〉第 335 頁）

四、鳶飛戾天，魚躍于淵，言其上下察也。此一段，子
　　思吃緊為人處，與「必有事焉而勿正心」之意，同
　　活潑潑地。會得時，活潑潑地，不會得時，只是弄
　　精神。（《遺書》第三）

明道言「活潑潑地」，乃表示此心之純亦不已、自然誠敬
之圓融境界，即是仁心之顯露，仁體之朗現。

五、某自再見茂叔後，吟風弄月以歸，有吾與點也之意。」
　　（《遺書》第三）又曰：「顏子簞瓢，非樂也，忘
　　也。（《遺書》六）

伊川作〈明道先生行狀〉，贊先生之性情曰：「純粹如精
金，溫潤如良玉，寬而有制，和而不流。忠誠貫于金石，孝弟
通于神明，視其色，其接物也如春陽之溫，聽其言，其入人也
如時雨之潤。胸懷洞然，澈視無間。測其蘊，則浩乎若滄溟之
無際，極其德，美言蓋不足以形容。」明道最善言仁，對仁之
體悟，常有清澈與明透之處，多作圓頓表示，境界極高。

六、剛毅木訥，質之近乎仁也。力行，學之近乎仁也。

若夫至仁，則天地為一身。而天地之間，品物萬形，為四肢百體。夫人豈有視四肢百體而不愛者哉？聖人仁之至也。獨能體是心而已，曷嘗支離多端而求之自外乎？故「能近取譬」者，仲尼所以示子貢求仁之方也。醫書以手足風頑，謂之四體不仁，為其疾痛不以累其心故也。夫手足在我，而疾痛不與知焉，非不仁而何？世之忍心無恩者，其自棄亦若是而已。（《語錄》、〈明道學案〉）。

明道強調不忍心即是仁心，麻木而無動於衷，即是不仁，於心不忍即是仁的朗現。

附錄　伊川論仁之要（節錄自《二程全書》）

一、仁之道，要之只消道一公字。公即是仁之理，不可將公便喚做仁。公而以人體之，故為仁。只為公，則物兼照，故仁所以能恕，所以能愛。恕則仁之施，愛則仁之用也。

二、仁之道難名，惟公近之，非以公便為仁。

三、仁者，公也，人此者也。

四、謝收問學于伊川。答曰：學之大無如仁。汝謂仁是如何？謝久之，無入處。一日，再問曰：愛人是仁否？伊川曰：愛人乃仁之端，非仁也。謝收去，先生曰：某謂仁者公而已矣。伊川曰：何謂也？先生曰：仁者能好人，能惡人。伊川曰：善涵養。

五、先生曰：孔子曰：仁者，己欲立而立人，己欲達而達人。能近取譬，可謂仁之方也已。嘗謂孔子之語仁以教人者，唯此為盡。要之，不出乎公也。

以上五條，皆是「以公說仁」，公乃不偏不私，廓然而大公者，公是仁之理，非即是仁，人依公之特性而實現之，才是仁。

六、仁義禮智信，于性上要有此五事，須要分別出，若仁則固一，一所以為仁。惻隱則屬愛，乃情也，非性也。恕者，入仁之門，而恕而非也。因其惻隱之心知有其仁。

七、問仁。曰：此在諸公自思之，將聖賢所言仁處，類聚觀之，體認出來。孟子曰惻隱之心仁也，後人遂以愛為仁，惻隱固是愛也。愛自是情，仁自是性，豈可專以愛為仁？孟子言惻隱為仁，蓋謂前已言惻隱之心，仁之端也。既曰仁之端，則便不可謂之仁。退之言博愛之謂仁，非也。仁者固博愛，然便以博愛為仁，則不可。

八、仁者必愛，指愛為仁則不可，不仁者無所知覺，指知覺為仁則不可。

以上三條，伊川皆反對以愛為仁，愛只是仁之施用。仁是性，愛是情，性與情之分，乃形上形下之異。又反對以「覺」為仁，「覺」不可以訓仁。

九、孝弟順德也，故不好犯上，豈復有逆理亂常之事？德有本，本立則其道光大，孝弟行于家，而後仁愛及于物，所謂親親而仁民也。故為仁，以孝弟為本。論性，以仁為孝弟之本。

十、行仁自孝弟始。蓋孝弟是仁之一事，謂之行仁之本則可，謂之是仁之本則不可。蓋仁是性也，孝弟是用也。性中只有仁、義、禮、智四者，幾曾有孝弟

　　　　來。仁主于愛，愛孰大于愛親。故曰：孝弟也者，
　　　　其為仁之本與？

　　以上二條，言行仁以孝弟為先，仁只是一普遍之理，乃吾
人之本性，孝弟慈愛是實現仁之事，所以，仁是體，孝弟愛恕
是其用。

第六節　朱熹〈仁說〉的愛之理心之德

　　朱子集周、邵、張、程等儒學家之大成，博大精微，兼而
有之，為南宋一代大儒，世稱「閩學」或「程朱學派」。承述
伊川之學，其說為理氣二元之本體論。所謂「理」者，乃無形
無跡之形上實體，無論人與物皆有其所以然之理，朱子曰：「若
在理上看，則雖未有物，而已有物之理，然亦有其理而已，未
嘗實有是物也。」（〈答劉叔文〉）。要之，理在物先，未有
這物，先有這理，理是物之形式（Form），惟有許多理，故有
許多物，古今都只是有此理。

　　至于「氣」者，生物之材料（Matter），朱子曰：「天地
之間，有理有氣。理也者，形而上之道也，生物之本也；氣也
者，形而下之器也，生物之具也。是以人物之生，必稟此理，
然後有性，必稟此氣，然後有形。」（〈答黃道夫〉）

　　然而理氣雖分，卻是一體渾成，理未嘗離乎氣，有理即有
氣。氣能生物，理卻不會造作，只須氣之凝聚生物，此理即有
安頓處。天地人物之生成，即理與氣之合一，朱子曰：「人之
所以生，理與氣合而已。」（《語類》卷四）理與氣合一，而

成個體之人，此人之性，即此理也，故曰：「性與理」。又朱子以爲性是心之理，仁、義、禮、智是也；至於惻隱、羞惡、辭讓，是情，情乃心之動，朱子曰：「仁是性，惻隱是情，須從心上發出來，心統性情者也。」（《語類》卷五）。

朱子承伊川學風而立論，言仁雖多，皆以伊川「仁是性、愛是情」之說爲範疇。〈仁說〉即以「仁是性、愛是情」爲依據，而成爲「心之德、愛之理」之定論。〈仁說〉曰：

> 天地以生物爲心者也，而人物之生，又各得夫天地之心以爲心者也，故語心之德，雖其總攝貫通，無所不備，然一言以蔽之，則曰仁而已矣。請試詳之：蓋天地之心，其德有四，曰元亨利貞，而元無不統。其運行焉，則爲春夏秋冬之序，而春生之氣無所不通。故人之爲心，其德亦有四，曰仁義禮智，而仁無不包，其發用焉，則爲愛、恭、宜、別之情，而惻隱之心，無所不貫。故論天地之心者，則曰乾元坤元，則四德之體用不待悉數而足。論人心之妙者，則曰仁人心也，則四德之體用，亦不待偏舉而該。蓋仁之爲道，乃天地生物之心，即物而在。情之未發，而此體已具，情之既發，而其用不窮。誠能體而存之，則眾善之源，百行之本，莫不在是，此孔門之教，所以必使學者汲汲于求仁也。
>
> 其言有曰：「克己復禮爲仁」，言能克去己私，復乎天理，則此心之體無不在，而此心之用無不行也。又曰：「居處恭，執事敬，與人忠」，則亦所以存此心也。又曰：「事親孝，事兄弟，及物恕」，則亦所以行此心也。又曰：「求仁得仁，則以讓國而逃，諫伐而餓，爲能不

失乎此心也。又曰：「殺身成仁」，則以欲甚于生，惡甚于死，而能不害乎此心也。此心何心也？在天地，則塊然生物之心；在人，則溫然愛人利物之心，包四德而貫四端者也。或曰：若子之言，則程子所謂「愛情仁性，不可以愛為仁」者非與？曰：不然。程子之所謂以愛之發而名仁者也。吾之所論，以愛之理而名仁者也。蓋所謂情性者，雖其分域之不同，然其脈絡之通，各有攸屬者，則曷嘗判然離絕而不相管哉？吾方病夫學者誦程子之言而不求其意，遂至于判然離愛而言仁，故特論此以發明其遺意，而子顧以為異乎？程子之說，不亦誤哉？或曰：程氏之徒言仁多矣，蓋有謂愛非仁，而以「萬物與我為一」為仁之體者矣，亦有謂愛非仁，而以「心有知覺」訓仁之名者矣，今子之言者是，然則彼皆非與？曰：彼謂「物我為一」者，可以見仁之無不愛矣，而非仁之所以為體之真也。彼謂「心有知覺」者，可以見仁之包乎智矣，而非仁之所以得名之實也。觀孔子答子貢博施濟眾之問，與程子所謂「覺不可訓仁」者，則可見矣。子尚安得復以此而論仁哉！抑泛言「同體」者，使人含糊昏緩，而無警切之功，其弊或至於認物為己者有之矣。專言「知覺」者，使人張皇迫躁，而無沈潛之味，其弊或至于認欲為理有之矣。一忘一助，二者蓋胥失之。而知覺之云者，于聖門所示樂山能守之氣象，尤不相似。子尚安得此而論仁哉！因並記其語，作〈仁說〉。（〈晦翁學案〉）

〈仁說〉全文其分八段，前四段陳述己意，後三段反駁明

道及其門人之「物我爲一」及「以覺訓仁」之弊，第五段強調
伊川「愛情仁性」之論，以爲己說之據。〈仁說〉始言「天地
生物之心」。朱子直認天地有心，此天地之心就本體宇宙論地
說，即是於穆不已的天命。天地以生物爲心，「天地以此心普
及萬物，人得之，遂爲人之心，物得之，遂爲物之心，草木禽
獸接著，遂爲草木禽獸之心，只是箇天地之心爾。」（〈晦翁
學案〉）此心即是仁，天地之生生無窮，皆仁也，此所謂「仁
者，天地生物之心」、「天地之大德曰生」。

　　朱子曰：「以生字說仁，生自是上一節事，當求天地生我
底意，而今須要自體認得。試看一箇物，堅硬如頑石，成甚物
事，此便是不仁。藹乎若春陽之溫，盎乎若醴酒之醇，此是形
容仁底意思。」[6]人受天地之氣以生，故曰：「人得之以爲心」，
仁遂由宇宙落實至人生界。要之，仁是個生的意思，天地有生
理，即有生氣，所以，天地有生意，天地之造化即以生爲主，
只從生意上說仁，仁是一個生底物事，物得天地之仁以爲生，
人得天地之仁以爲心。然天地之心之德有四，曰：元、亨、利、
貞；人之心之德亦有四，曰：仁、義、禮、智。

　　朱子曰：「大抵仁字，專言之，則混然而難名，必以仁義
禮智四者兼舉而並觀。則其意味情狀，互相形比，乃是易見。」
（〈答方賓王書〉），而仁無所不包，它是本體，朱子曰：「仁
者，仁之本體，禮者，仁之節文，義者，仁之斷制，智者，仁
之分別。」（〈答陳器之書〉）

　　所以，仁是體，其發用則爲愛之情。情之未發，仁體已具；

---

6 《宋元學案‧晦翁學案》第863頁。

情之既發，仁之用之無窮。仁發出來，便是惻隱之心。朱子以為仁只是愛之理，愛自仁出，不可離愛而言仁。仁與愛的關係，朱子分之甚明，朱子曰：「仁者，愛之理；愛者，仁之事。仁者，愛之體，愛者，仁之用。」（〈晦翁學案〉）。由於朱子牢守「仁性愛情」之旨，遂有「仁者，愛之理，心之德也。」之說。朱子曰：「由漢以來，以愛言仁之弊，正為不察性情之辨，而遂以情為性爾。」（〈與張敬夫論仁說〉）

　　要之，仁固能愛，仁亦主乎愛，然喚愛做仁卻不得，仁自有慈愛的意思，愛卻不能盡仁。所謂「愛之理者」，則正為仁是未發之愛，情是已發之爾，只以此意推之，不須外邊添入道理，若於此處認得仁字，即不妨與天地萬物同體，若不會得，便將天地萬物同體為仁，卻轉無交涉矣。」（〈晦翁學案〉863頁）。所以，仁是愛之所以然之理，此理具于人心，而為吾心之德，所謂「心之德」者，是愛人利物之德，此心即仁德之心。簡言之，「仁者，愛之所以然之理，而為心所當具之德也。」[7]

　　〈仁說〉後三段反駁「物我為一」及「以覺訓仁」，直指明道、上蔡、龜山等人。朱子在〈胡子知言疑義〉一文中，未贊同明道「先識仁」之說，朱子曰：「欲為仁，必先識仁之體。此語大可疑。觀孔子答門人問為仁者多矣，不過以求仁之方告之，使之從事於此而自得焉，初不必使先識仁體也。」（《朱子大全》卷七十三），亦反對「以天地萬物一體說仁」，仁者固能與物為一，謂「萬物為一」是仁，卻不可。

　　朱子曰：「天地萬物與吾一體，固所以無不愛，然愛之理，

---

7 見牟宗三著《心體與性體》第 3 冊第 244 頁。

則不為是而有也。須知，仁義禮智四字，一般皆性之德，乃天然本有之理，無所為而然者，但仁乃愛之理、生之道，故即此而又可以包夫四者，所以為學之要耳！」（〈答胡廣仲書〉）。朱子也反對上蔡「以知覺言仁」，認為仁固有知覺，喚知覺為仁，卻不得，言「覺」字太重，便相似說禪了。覺是智之用，不可以「覺」言仁。

　　朱子曰：「孟子言知覺，謂知此事、覺此理，乃學之至而知之盡也。上蔡之言知覺，謂識痛癢能酬酢者，乃心之用而知之端也，二者亦不同矣。然其大體，皆智之事也。今以言仁，所以多矛盾而少契合也。憒驕險薄，豈敢輒指上蔡而言，但謂學者不識仁之名義，又不知所以存養，而張眉弩眼，說知說覺者，必至此耳。」（〈答胡廣仲〉）

附錄　朱子論仁之要

一、大抵向來之說，皆是苦心極力要識仁字，故其說愈巧而氣象愈薄。近日究觀聖門無教之意，卻是要人躬行實踐，直內勝私，使輕浮刻薄、貴我賤物之態，潛消於冥冥之中，而吾之本心渾厚慈良公平正大之體，常存而不失，便是仁處。其用功著力，隨人淺深，各有次第，要之，須是力行久熟，實到此地，方能知此意味，蓋非可以想像、臆度而知，亦不待想像臆度而知也。（《朱子大全》卷四十二〈答吳晦叔〉）

　　朱子認為求仁以力行為先，以躬行實踐為履仁之方，所謂「知之之要，未若行之之實。」此說契合了孔子的「仁之實踐精神」。

　　二、仁是全體不息，所謂全體者，合下全其此心，更無
　　　　一物之雜，不息則未嘗休息，置之無用處，全體似
　　　　箇桌子四腳，若三腳便是不全，不息是常用也，或
　　　　置之僻處，又被別人將去，便是息。此心具十分道
　　　　理在，若只見得九分，亦不是全了。所以息者，是
　　　　無私欲間之，無一毫私欲，方是不息。（《朱子語
　　　　類》）

　　朱子所謂仁是全體不息者，乃心之大公而無私。公雖不可
謂之仁，但公而無私，無私欲而後仁始見，無一毫私欲之雜，
即是不息。

　　三、仁雖是個剛直意，畢竟本是箇溫和之物，但出來發
　　　　用時，有許多般，須得是非、辭遜、斷制三者，方
　　　　成仁之事。及至事定，三者各退，仁仍舊溫和，緣
　　　　是他本性如此。人但見有是非節文斷制，卻謂是仁
　　　　之本意，則非也。春來溫和故能生物，所以說，仁
　　　　為春。（〈晦翁學案〉864頁）

　　朱子說仁為春，以為仁是箇溫和柔軟之物，其發用流行，
無窮無間，仁有生意，故為春。

第七節　王陽明〈大學問〉的本心惻隱

　　陽明之學，學者尊之曰「王學」，依其學統，是為「心學」。
王學是貫通陽明的道德、學問與事功之偉大體系。要人實去用
功，工夫在于實踐。總持其說大綱，可分為三：一曰「心即理」；

二曰「致良知」，三曰「知行合一」。「心即理」者，乃王學之本體論，陽明以為心雖主乎身內，而實管乎天下之理；理雖分散在萬事之中，實不外乎人之心，天下無心外之物，故曰：「心即理也，天下又有心外之事，心外之理乎？」（《傳習錄》上）。

陽明既主張心與理為一，遂而提出「致良知」，陽明曰：「致良知，是學問大頭腦，是聖人教人第一義。」（《傳習錄》中），然所謂「良知」者，心之本體，陽明曰：「知是心之本體，心自然會知，見父自然知孝；見兄自然知弟，見孺子入井自然知惻隱，此便是良知，不假外求。」（《傳習錄》上），至於如何致之？陽明曰：

> 一點良知，是爾自家的準則，爾意念著處，他是便知是，非便知非，更瞞他一些不得，爾只不要欺他，實實落落依著他做去，善便存，惡便去，何等穩當，此便是致知的實功。

陽明又曰：「知其為善，致其知為善之知，則必為之，則知至矣；知其為不善，致其知為不善之知，而必不為之，則知至矣。知猶水也，決而行之，無有不就下者；決而行之者，致知之謂也。」（〈姚江學案〉）。

第三：致于知行問題，主張「知行合一」。知行工夫，本不可離，「知是行的主意，行是知的工夫，知是行之始，行是知之成。若人會得時，只說一個知已自有行在，只說一個行已自有知在。」（《傳習錄》上），又曰：「知之真切篤實處，即是行；行之明覺精察處，即是知。」（《傳習錄》中）。

須知，「心即理」、「致良知」、「知行合一」三者本不可分，乃一以貫之之道，具格致誠正于其中，學者即知即行，

即體即用，自能去人欲、存天理，終以天地萬物爲一體。陽明的〈大學問〉，即是倡明「以天地萬物爲一體之仁」爲旨，蓋仁乃吾心本體，本以天地萬物爲一，只因物欲之蔽，故要明明德，克去物欲之蔽，全其本體之明，以恢復此以天地萬物爲一體之仁。苟能明其本體之仁，自可親親、仁民、愛物，此謂「親民」也，「親之即仁之」（《傳習錄》上），即所以明其明德也。故謂天人之學，以吾心本體之仁德，視天下猶一家，中國猶一人，終以天地萬物爲一體，此乃〈大學問〉之大義。

〈大學問〉爲陽明一生之定論，師門之教典，初學者，先授此意，以明本心之知，致知之功，要人著實躬行，事上磨練，不可作文字之習，一場話說。〈大學問〉曰：

> 《大學》者，昔儒以為大人之學矣，敢問大人之學，何以在於明明德乎？陽明子曰：大人者，以天地萬物為一體者也，其視天下猶一家，中國猶一人焉。若夫閒形骸而分爾我者，小人矣。大人之能以天地萬物為一體也，非意之也，其心之仁本若是。其與天地萬物而為一也，豈惟大人，雖小人之心亦莫不然，彼顧自小之耳！是故見孺子之入井而必有怵惕惻隱之心焉，是其仁之與孺子而為一體也。孺子猶同類者也；見鳥獸之哀鳴觳觫而必有不忍之心焉，是其仁之與鳥獸而為一體也。草木猶有生意者也，見瓦石之毀壞而必有顧惜之心焉，是其仁之與瓦石而為一體也，是其一體之仁也。雖小人之心亦必有之，是乃根於天命之性而自然靈昭不昧者也，是故謂之明德。小人之心既已分隔隘陋矣，而其一體之仁猶能不昧若此者，是其未動於欲，而未蔽於私之時也。及其

動於欲，蔽於私，而利害相攻忿怒相激，則將戕物圯類，無所不為，甚至有骨肉相殘者，而一體之仁亡矣。是故苟無私欲之蔽，則雖小人之心，而其一體之仁，猶大人也；一有私欲之蔽，則雖大人之心，而其分隔隘陋，猶小人矣。故夫為大人之學者，亦惟去其私欲之蔽，以自明其明德，復其天地萬物一體之本然而已耳，非能於本體之外而有所增益之也。曰：然則何以在親民乎？曰：明明德者，立其天地萬物一體之體也，親民者，達其天地萬物一體之用也。故明明德必在於親民，而親民乃所以明其明德也。是故親吾人之父，以及人之父，以及天下人之父，而後吾之仁，實與吾之父、人之父、與天下人之父而為一體矣；實與之為一體，而後孝之明德始明矣。親吾之兄，以及人之兄，以及天下人之兄，而後吾之仁，實與吾之兄、人之兄、與天下人之兄，而為一體矣；實與之為一體，而後弟之明德始明矣。君臣也，夫婦也，朋友也，以致於山川、鬼神、鳥獸、草木也，莫不實有以親之，以達吾一體之仁，然後吾之明德始無不明，而真能以天地萬物為一體矣……。

〈大學問〉首先闡明《大學》首章為大人之學的體用及其工夫次第，始言大人能以天地萬物為一體者，乃心之本然，故見孺子之入井，鳥獸之哀鳴，草木之摧折，瓦石之毀壞，必有惻隱、不忍、憫恤、顧惜之心，皆是本心的真誠惻怛，毫無虛偽，陽明曰：「心一而已，以其全體惻怛而言，謂之仁……不可外心以求仁。」（《傳習錄》中），陽明以真誠惻怛言仁，

最為直接。[8]亦即就本心之惻隱，昭顯仁體，極為親切。能夠真誠惻怛，便可忘我而涵蓋一切。

　　又「明德」是根於天命之性，而自然靈昭不昧者，即是仁，仁者，本心之謂也。乃人與天地萬物所同俱之本體，故仁即本心，即良知，即明德，其名雖異，實則一也。[9]〈大學問〉就是從惻隱之心，指明人與天地萬物本同一體，所以，吾人之本心，即宇宙的心。然而，天地萬物不能一體者，只因吾人不忘己私，陽明曰：「仁者以萬物為一體，不能一體，只是己私未忘。全得仁體，則天下皆歸於吾仁，就是八荒皆在我闥意，天下偕與，其仁亦在其中。」（《傳習錄》下），能夠使天下皆歸於吾仁，即把宇宙和人生打成一片，兩者無間隔，訢合和暢，和諧無間，成了天人合一的最高境界。

　　所以，天下之人，苟能節欲抑私，克其私，去其蔽，使仁心作主，以復同然之仁體，自有天地萬物一體之樂，萬物相生相養，相親相愛，人與人相感通。吾人之仁心自然發用流行，其間雖不能無次序，更不能無親疏、遠近、厚薄之差等，卻能推擴至廣，推恩及于天地萬物。蓋人心之仁，能與天地萬物相感通，而與之為一體，何以能至之，其要如何？其學又如何？

---

8 唐君毅在《人文精神之重建》一書中說：「真正說仁，還是王陽明依《中庸》、《孟子》而言，所謂真誠惻怛，最為直接。誠之所注，即是自己而超越自己，忘掉自己。至誠，即絕對之超越精神，只是真成就自己，使自己之精神與他人與世界直接貫通，而與以一肯定、一承認、一涵蓋而持載之精神，故為超現實而成就現實之精神。惻怛即此誠之狀態，而包含愛與慈悲。至誠惻怛，即是性，即是情，即是天，即是人，即是內，即是外，即是乾知，即是坤能，最易知行。」見唐君毅著《人文精神之重建》第 227 頁。
9 熊十力云：「夫良知即本心，凡為陽明之學者皆知之，仁即本心。」見《新唯識論》第 536 頁。

陽明提出「致良知」及「大人之學」。

　　陽明曰：「夫爲大人之學者，亦惟去其私欲之蔽，以自明其明德，復其天地萬物爲一體之本然而已耳！」（〈大學問〉）又曰：「止於至善，以親民而明其明德，是之謂大人之學。」（〈大學問〉），其工夫之要，曰：「致良知」，陽明曰：「能致良知則心得其宜矣，故集義亦只是致良知。君子之酬酢萬變，當行則行，當止則止，當生則生，當死則死，斟酌調停，無非是致其良知，以求自慊而已。故「君子素其位而行」、「思不出其位」。凡謀其力之所不及，而強其知之所不能者，皆不得爲致良知；而凡「勞其筋骨，餓其體膚，空乏其身，行拂亂其所爲，動心忍性以增益其所不能」者，皆所以致其良知也。」（《傳習錄》中）

　　總之，陽明的〈大學問〉，直令吾人當下反諸內在本寂而惻然相感之仁，而天地萬物一體之實，昭然顯見。其要以「致良知」爲工夫。不能致良知，知行無法合一，不能致良知，則知非真知，行非真行，必有真知，方有真行。真知真行，即工夫即本體，此謂之「陽明的力行精神」，與孔子言仁甚是相類矣，黃宗羲〈師說〉贊之曰：「自孔孟以來，未有若此之深切著明者也。」[10]

　　值得一提的是，晚明絕食殉國的大儒劉宗周（字起東，號念臺、蕺山，1578-1645）亦有「一體之仁」的深切體認，視天地萬物爲一大身體，稱爲「大身子」，他說：「吾儒之學，直從天地萬物一體處看出大身子。天地萬物之始，即吾之始；天

---

10 見《明儒學案》冊1第4頁。臺灣中華書局。

地萬物之終，即吾之終。」（《劉子全書》卷八，〈生死說〉）
天地萬物都是我身體的全部，保護天地萬物，猶如愛護自己的
身體，任何萬物的傷害，猶如自己的身體受傷，不論哪一個部
位受傷，我都會感受到疼痛。任何萬物的缺陷，猶如自己殘廢
了一隻手一隻腳，如何不讓人傷痛？

　　因此，要檢點日常生活的言行，圓滿五倫關係，再不斷推
恩擴充，盡仁（對萬物都有愛心，無所不愛，不僅父子有親。），
盡義（處事無所不宜，不僅君臣有義。），盡別（凡事分辨是
非善惡，不僅夫婦有別。）盡序（凡事謙讓，不僅長幼有序。），
盡信（為人真誠信實，不僅朋友有信。）這就是盡倫盡物的「盡
性之學」。學者不能只是空談「萬物皆備於我」的一體之仁，
必須精思力踐，一一在生活中實踐力行，才能真正體認「一體
痛癢」的精義。宗周強調：要踐履一體之仁，內心必須常懷應
盡的責任和義務而未盡（不盡）的愧疚，使盡性工夫臻於圓滿
而無憾。

附錄　陽明論儒家之「仁」與墨家「兼愛」之異

　　問：「程子曰：『仁者以天地萬物為一體』何墨氏兼愛，
反不得謂之仁？」

　　先生曰：「此亦甚難言，須是諸君自體認出來始得。仁是
造化生生不息之理，雖瀰漫周遍，無處不是，然其流行發生，
亦只有箇漸，所以生生不息。如多至一陽生，必自一陽生而後
漸漸至於六陽；若無一陽之生，豈有六陽。陰亦然，惟其漸，
所以便有箇發端處，惟其箇發端處，所以生，惟其生，所以不
息。譬之木，其始抽芽，便是木之生意發端處；抽芽然後發幹，

發幹然後生枝生葉，然後是生生不息。若無芽，何以有幹有葉。能抽芽，必是下面有箇根在；有根方生，無根便死。無根何從抽芽？父子兄弟之愛，便是人心生意發端處。如木之抽芽；自此而仁民，而愛物，便是發幹生枝生葉。墨氏兼愛無差等，將自家父子、兄弟與途人一般看，便自沒了發端處；不抽芽便知得他無根，便不是生生不息，安得謂之仁，孝弟爲仁之本，卻是仁理從裏面發生出來。」（《傳習錄》上）

仁非兼愛，兼愛無差等，沒了發端處。陽明以此區別儒家之仁愛與墨家兼愛之異。儒家之仁愛，乃本心的自然發展，其愛自有先後之差等，故仁者雖以天地萬物爲一體，而道理自有厚薄，蓋萬物一體之仁心之表現，最先敬愛自己的父母兄弟，再從此推恩擴充。

陽明答厚薄之先後，喻之曰：「惟是道理自有厚薄。此如身是一體，把手足捍頭目，豈是偏要薄足手，其道理合和此。禽獸與草木同是愛的，把草木去養禽獸，又忍得；人與禽獸同是愛的，宰禽獸以養親，與供祭祀，燕賓客，心又忍得，至親與路人同是愛的，如簞食豆羹，得則生，不得則死，不能兩全，寧救至親，不救路人，心又忍得，這是道理合該如此。及至吾身與至親，更不得分別彼此厚薄。蓋以仁民愛物皆從此出，此處可忍，更無所不忍矣。《大學》所謂厚薄，是良知上自然的條理，不可踰越，此便謂之義；順這個條理，便謂之禮；知此條理便謂之智，終始是這條理，便謂之信。」（《傳習錄》下）

第八節　劉宗周《人譜》改過踐仁成聖

　　劉宗周，字起東，號念臺、蕺山，浙江山陰（今浙江紹興）人，生於明神宗萬曆六年（1578），卒於明福王弘光元年（清順治二年，1645），享年 68 歲。值得注意的是，福王弘光元年，杭州失守，宗周絕食二十三天殉國。他在絕食中，曾對女婿秦祖軾說：「為學之要，一誠盡之矣，而主敬其功也。誠則天，若良知之說，鮮有不流於禪者。」（《劉宗周全集·年譜》）。宗周是遺腹子，為想念父親秦臺公，別號念臺，又曾遷居講學於蕺山，又號蕺山，另有其他別號，如秦望望中山人，還山主人，讀易小子，晚年更號克念子，勉勵自己志於治念工夫。

　　綜觀宗周的核心思想是慎獨誠意之學，其工夫是訟過、改過，具體實踐方法俱在《人譜》（原名《證人小譜》）。《人譜》是他精思力踐儒學的生命學問，三易其稿，一再修訂，直到臨終前一個月止，可謂晚年定論。《人譜》專為改過而作，宗周強調改過遷善的重要性，在《論語學案》中，也認為改過遷善是為學之道的喫緊工夫，他說：

　　　問：「諸子問為仁，聖人一一有條答，聖人為仁如何？」
　　　曰：「聖人於諸子法都用得著，更有喫緊工夫，視諸子
　　　　反下，曰：遷善改過。」（《劉宗周全集》第一冊，頁 438。）

　　孔門諸弟子問為仁之方，孔子因材施教，各有不同的答覆，宗周認為「改過遷善」可以作為孔子及弟子的為仁之道，為仁即為學，為學的急切工夫，就是改過遷善，他說：

> 至於學之進地，全係遷善改過做功夫。倘用心稍有不實，
> 未免姑且因循過去，故友曰毋友，過曰勿憚，皆此忠信
> 之心為之，而厚重不待言矣。（《劉宗周全集》第一冊，頁 315）

精進學問的工夫，全在改過遷善，人難免有過，要勇於改過，不可因循苟且，得過且過。如果用心稍有不確實，不徹底改過，不斷犯過，終將成為大過矣。為什麼凡人總是因循苟且，得過且過？孔子認為因為不能「內自訟」，不能自覺自己的過失，內心自我咎責。因此，一般人認為知道自己過錯不難，自我咎責過錯比較困難，宗周卻有不同的看法，他說：

> 昔人云：「見過非難，訟過為難。」予謂反是……今人
> 有過，多是含糊過去，昏昏藏藏躲尾，不肯自見，所以
> 終無改圖。掩目捕鼠，掩耳盜鈴，只塗得自己耳目，而
> 人已昭乎揭日月，而行亦何益之有？……小人之過未嘗
> 不可見，而實無自見之心……見過者，有過即知，一些
> 子便看作天來大，若與天下共見。然既見後，勢不得不
> 改，第恐改圖不力，故又須內自訟，試問此過從何造端？
> 從何成就？從何結果？一一打勘，直窮到底……如此一
> 番兩番，真能脫胎換骨，一日千里。（《劉宗周全集》第一
> 冊，頁 389-390）

宗周認為常人的過失，自己只知道一分，別人知道九分；相反地，聖人的過失，自己知道九分，別人知道一分。因此，常人有過，總以為自己無過，即使知道自己有過，也是文過飾非，一味地躲藏遮掩，含混狡辯，不肯坦然面對自己的過錯，終究不能改過。不能改過的原因，是沒有改過的決心，也沒有面對自己過錯的勇氣，這是自欺欺人的行為，猶如掩耳盜鈴，

掩目捕雀，殊不知大家已知其過。

　　君子則不然，君子之過，出於無心，也不會文過飾非，坦然面對，猶如日蝕月蝕一般，昭然可見，亦昭然自見。君子能看到自己的過失，自覺己過，勇於面對己過，更能決心改過，即知即改，沒有間斷。又能自我咎責，窮究到底，自責自省，深切反省過錯從何而來？如何發生？——悔改，沒有絲毫的苟安、姑息、等待、怠慢，宗周說：

> 「過也，人皆見之」，便是改過下手處，非既見後方更也。皆仰則復其初矣，日月之還明有待，而君子之改過無待，纔待則不成改矣。即過、即見、即改，一時事。其有取於日月之食者，只言其有過必改之情同耳。（《劉宗周全集》第一冊，頁638）

　　宗周強調君子改過，沒有條件，沒有妥協，沒有等待，沒有怠慢。有過，即知；即知，即改，這是同時完成的克治工夫，稍有延遲，就無法改過了，因此，在時間上，有相當的急迫性。值得注意的是，宗周認為《論語・述而》子曰：「三人行，必有我師焉。擇其善者而從之，其不善者而改之。」就是勉人改過遷善，他說：

> 此亦言遷善改過之學，當隨在而自勵也。學苟自勵，即三人同行，儼然師保之詔矣。從善、改不善，就啟而執翼之乎？君子曰：亦必求諸在我而已矣。（《劉宗周全集》第一冊，頁429）

　　三人同行，其他兩人都可以成為我改過遷善的對象。別人的善看作我的善，是我學習效法的老師；別人的不善也看作我的不善，是否自己也有不善？有則改之，無則自我勉勵、警惕，

因此，兩人都是我的老師。易言之，人人都是我的老師，隨時隨地，改過遷善，這種自律的道德實踐，何等急切而嚴厲！

　　宗周為何有如此急迫而嚴格的道德要求？主要有兩個原因，一個原因是他深切體認人有無數的「念」，宗周說：「念有善惡，而物即與之為善惡，物本無善惡也；念有昏明，而知即與之為昏明，知本無昏明也；念有真妄，而意即與之為真妄，意本無真妄也；念有起滅，而心即與之為起滅也，心本無起滅也。故聖人化念歸心。」（《劉子全書》卷十一〈學言中〉）。念是經驗世界的意識活動，旋起旋滅，有善念、有惡念，有昏有明，有真誠之念、有不誠不善之妄念，現實生活的動念，往往「動而遠乎天」，不合道德的天理，違背倫常的道德法則，追求氣質物欲，這是宗周的幽暗意識。因此，宗周主張「化念歸心」、「化念歸思」、「化思歸虛」，強調「學所以治念」。另一個原因是宗周認為改過遷善是成德之學，小人也能成德，更何況沒有現成的聖人，聖人只是改過遷善的聖境，改過就是遷善，去惡就是為善。易言之，遷善改過是踐仁、成聖的終極工夫，此一工夫在《人譜》中完成。

　　《人譜》主要內涵：人極圖、人極圖說、凜閒居以體獨、卜動念以知幾、謹威儀以定命、敦大倫以凝道、備百行以考旋、遷善改過以作聖、紀過格、訟過法（即靜坐法）、改過說一、改過說二、改過說三等內容，另有《人譜雜記》，主要內涵：體獨篇、知幾篇、定命篇、凝道篇、考旋篇、作聖篇等內容，是宗周改過遷善以踐仁成聖的不朽經典，值得後人精思力踐之。

第九節 譚嗣同《仁學》的道通爲一

譚嗣同（1865 年 3 月 10 日－1898 年 9 月 28 日），字復生，號壯飛，湖南長沙瀏陽人，其父爲湖北巡撫譚繼洵，清末百日維新著名人物，維新四公子之一。譚嗣同早年鑽研儒家典籍，廣泛涉獵文史百科，同時又致力自然科學之探討，1895 年中日《馬關條約》簽訂，譚嗣同異常不滿，即努力提倡新學，主張變法。旋奉父命，入貲爲江蘇候補知府，供職南京，1896 年（光緒 22 年）底重抵南京，成《仁學》2 卷。1897 年，協助湖南巡撫等人設立時務學堂，籌辦內河輪船、開礦、修築鐵路等新政。1898 年，創建南學會、主辦《湘報》，積極宣傳變法，成爲維新運動的激進派。同年 4 月，得翰林院侍讀學士徐致靖推薦，被徵入京，擢四品卿銜軍機章京，與林旭、楊銳等人參與新政，時號「軍機四卿」。

當宮中後黨密謀政變，光緒帝傳密詔康有爲等設法相救時，即「拔刀以救上自任」。9 月 18 日夜，譚嗣同前往法華寺爭取袁世凱支援，不料袁世凱向榮祿告密。變法失敗後，於 1898 年 9 月 28 日在北京宣武門外的菜市口刑場英勇就義，臨刑前高呼：「有心殺賊，無力回天。死得其所，快哉快哉！」同時被害的維新人士還有林旭、楊深秀、劉光第、楊銳、康廣仁，六人並稱「戊戌六君子」，後人將其著作編爲《譚嗣同全集》。

譚氏於光緒 22 年（西元 1896 年）著《仁學》一書，認爲世界是由物質的原質所構成，其本體是「仁」，世界的存在和

發展都是由於「仁」的作用，故稱其哲學為「仁學」。「仁」是萬物之源，「以通為第一義」。而「以太」（ether）則是溝通世界成為一個整體的橋樑。由於「以太」不生不滅，所以就肯定了自然界和人類社會不是靜止的、停頓的，而是不斷運動、變化和發展的，批判了「天不變，道亦不變」的思想，從變易中論證其改革社會制度的政治理想。還提出了發展資本主義的政治、經濟以及變法等主張。綜觀《仁學》有兩大特徵：一是融會孔、墨、佛、耶等中西文化及宗教，二是貫通哲學、宗教和科學的思想體系。梁啓超推崇《仁學》，《仁學・梁啓超序》說：「《仁學》為何而作也？將以會通世界聖哲之心法，以救全世界之眾生也，南海之教學者曰：『以求仁為宗旨，以大同為條理，以救中國為下手，以殺生破家為究竟。』《仁學》者，發揮此語之書也。」梁啓超認為《仁學》發揮康有為（康南海）的《大同書》，會通耶穌基督的博愛、孔子的仁愛、佛教的華嚴宗等思想，為了救中國而殺身成仁。嗣同以身死證成仁道，他在臨刑前慷慨地說：「各國變法無不從流血而成，今中國為聞因變法而流血者，此國之所以不昌也。有之，請自嗣同始。」

一、仁從二從人，相偶之義也

譚嗣同《仁學・自序》說：

> 仁從二從人，相偶之義也；元從二從儿……故言仁者，不可不知元，而其功用可及於无……能為仁之元而神於无者有三：曰佛、曰孔、曰耶，佛能統孔、耶，而孔與耶同，而所以仁不同，能調燮聯融於孔與耶之間，則曰

墨，孔、墨誠仁之一宗也……墨有兩派：一曰任俠，吾
所謂仁也……初當衝決利祿之網羅，次衝決俗學若考
據、若詞章網羅，次衝決全球群學之網羅，次衝決君主
之網羅，次衝決倫常之網羅，次衝決天之網羅，次衝決
全球群教之網羅，終將衝決佛法之網羅……道通為一。

　　譚嗣同首先界定仁、元、無的意涵，仁有兩人相敬之意，
元者善之長，意指仁是眾善之首，「無」通於元，嗣同以無為
仁的最高境界，所謂「無對待，然後平等。」（《仁學・界說》
21）沒有差別對待，能夠平等一如。他認為只有佛教、孔子學
說、耶穌基督宗教等三種學說，能夠達到仁、元、無的境界。
此外，嗣同仰慕並學習效法墨子摩頂放踵的任俠情操，滿懷救
國的憂患意識，因此要以《仁學》衝決功名利祿的網羅，衝決
詞章考據等俗學的網羅，衝決全球一切學問的網羅，衝決君主
帝王的網羅，衝決封建倫常的網羅，衝決天命天道的網羅，衝
決全球一切宗教的網羅，最終衝決佛教的網羅，臻於「道通為
一」的最高境界。

二、仁以通為第一義

　　譚嗣同在〈仁學界說—二十七界說〉強調仁以通為第一
義，通有四種意義：中外通、上下通、男女內外通、人我通，
並以通政、通商、通教、通學為範疇，最終臻於「道通為一」
的境界。通的反義是「塞」，閉塞不通，譚氏身處閉塞不通的
社會，中外不通、上下不通、男女不通、內外不通、人我不通
的束縛，因此要衝決籠制，打通禁塞，所以，他說：「仁不仁

之辨，於其通與塞；通塞之本，惟其仁不仁。」（《仁學》卷
上）　通的實質表現爲平等，沒有差別對待，究竟平等，平等
一如。有了平等，即可通達無礙，就能實現「仁」了。

三、以太之用：仁、兼愛、慈悲

譚氏借「以太」說明仁的道體無所不在、無所不包，雖然，
現今科學家愛因斯坦否認以太（亞里斯多德認爲世界由五大元
素構成：土、水、火、空氣、以太。現今物理學家主張夸克（quark）
是構成物質的基本單位）的存在，不過，在實用的表現上，可
以包含儒家孔教的仁、元、性；墨家的兼愛；佛教的性海、慈
悲；耶教（基督宗教）的靈魂、愛人如己、視敵如友；科學家
的化合力、吸引力。易言之，仁學無所不通，無所不善，平等
一如，臻於大同理想。

以上簡要說明《仁學》要義，有兩大特徵：其一是融會孔、
墨、佛、耶等中西文化及宗教的思想體系；其二是貫通哲學、
宗教和科學。譚氏乃有爲青年，雖然其思想體系不甚深邃，但
是，爲了救國而參與維新變法，壯烈殉國，可歌可泣，成仁矣。

第五章 結論：仁之敦化流行是 世界的新希望

上文吾人已簡要的論述孔子的仁道哲學及後儒對仁的體認，可以看出孔子的人格是仁的人格，仁是孔子的真精神，也是孔子道德人格的至善準繩，亦為中國哲學的真精神，更是孔子的道德生命。仁要在于「行」，此種「仁的實踐精神」是中國哲學所最重視者，孔子立仁道以繼天道，即繼承傳統文化而下開萬世的精神所在，仁是覆蓋於天下的普遍的法則，故仁是人道，亦為天道，總而言之，仁是常道，不可易者，是我中華文化經數千年而歷久彌新的道統，自古聖賢歷代相承，皆以此仁道統天下。易言之，中國哲人向來緊扣仁道，絕不放棄，終生精思力踐之。

吾人再三省思孔子的仁道哲學對此危機的時代是否負有相當的大任和使命？吾人深信仁道哲學的當前使命、亦為最重要的大任是化銷西方思想中天人物我的對立，申言之，仁的天人合一之化境，可以矯治西洋哲學中天人敵對的形勢。西洋人高喊征服自然，遂使天與人互相抗衡，對爭不已，天人交戰，難得和諧，結果產生許多霸道的思想，如達爾文的物競天擇之說，再由人與天的對立，轉為人與人的敵對，因此，造成許多

紛爭，使今日的世界，存有太多的恐懼與危險，人和人的衝突，國與國的戰爭，尤其是科學不斷的發明殺人的方法和利器，人類或許將毀滅在憤怒和仇恨之中，吾人如何得救？全人類如何和平相處？政治如何實施？孔孟的仁政德治是否可行？

　　對此種種問題，吾人依然深信仁道可以解決一切，若依仁道而行，則物我無間，息其競爭，若以仁為政治之體，以仁心而行仁政，則天下太平矣。正如熊十力所謂：「即仁是治之體也，本仁以立治體，則宏天地萬物一體之量，可以節物競之私，遊互助之宇，塞利害之門，建中和之極，行之一群而群固，行之一國而國治，行之天下而天下大同。」[1]

　　上文言及「危機的時代」，今日的西方世界何以有此危機？此種危機的現象有三：一哲學的沒落，二宗教的衰微，三科學的偏鋒，尤其是科學的偏鋒與專橫，改變了世界，它發明核子武器，可以毀滅全人類，使人得有無限的權力，此種能力，正如唐君毅先生說：

> 即他似已能使是如此的東西不如此，使不如此的東西如此，使未有的東西有，使已有東西無，總而言之，即使是的不是，不是的是。再換句話說，即科學似已可使我們能漸隨心所欲的，改造我們直接經驗的世界中之一切事物，同時使此直接經驗中之事物，連人自己在內，在科學之面前，戰慄於存在與不存在之間。[2]

　　人類面臨毀滅的危機，戰慄於存在與不存在之間，我們的天數是否已到了盡頭？人類面臨浩劫如何自救？

1　《讀經示要》卷一第 23 頁。
2　唐君毅著《中國人文精神之發展》第 114 頁。

　　吾人提出「保任仁心，擴充仁德。」以爲得救之道。仁心仁性存於個人之內，可以積極的成己成物，參贊天地之化育，人類只有此仁心仁性，可以通達於他人，爲化銷個人與社會之對立之根源所在，亦爲能貫通人與天、人與物，是天人一貫之樞紐。所以，只須人人順著仁性而行善，則彼此可以善行相扶持，真情相感召。而且仁心可以成就、持載具體的事物，曲成萬物而不遺，更爲人類一切行爲之至高無上的主宰，蓋「仁心是人之價值意識的根源，亦即人之良知良心自己，或一般所謂良知良心的判斷的根源。仁心之所以爲人之一切價值意識的根源，是因人的仁心直接肯定、直接經驗的世界之存在，亦直接肯定一切世界，有價值的一切事物之價值。」[3]

　　因此，人類政治的實施，要以仁爲治，以仁化民，使之真誠惻怛，則有民胞物與之懷，天下自然可治，誠如熊十力所謂：「化民以仁，使之反識自性，與其物我同體，自然惻怛不容已之幾，而後有真治可言，人類前途之希望，實在乎是。」[4]

　　此外，孔子仁道哲學的天人合一大義，非常契合當代環境保護、生態保育的環境倫理學，天人合一是仁道哲學的一貫精神，宇宙是大生命，個體是小生命，人的生命和自然萬物同體共氣，人的生活不但充實自己的生命，同時增進宇宙萬物的生命，彼此互相感通，相互感應，和諧一致。易言之，從小我的生命體驗，進而同情於他人的生命，中和於人人的生命，旁通於萬物的生命，體悟到無一人無一物的生命本性，不與我的生命善性大化流行，這就是天人合一，也就是人與宇宙萬物和諧

3　唐君毅著《中國人文精神之發展》第 133 頁。
4　《讀經示要》第 23 頁。

關係的第七倫：尊重萬物、保育生態、愛護環境。

參考書目

1. 《易經集註》：朱熹注，中華民國 63 年再版，文化圖書公司印行。

2. 《孝經今註今譯》：黃得時譯，中華民國 62 年 5 月 2 版，臺灣商務印書館。

3. 《詩經白話新解》：鐘際華校正，中華民國 54 年 5 月再版，文化圖書公司。

4. 《尚書今註今譯》：屈萬里註譯，中華民國 61 年 10 月 4 版，臺灣商務印書館。

5. 《四書集註》：朱熹撰，中華民國 59 年 8 月 15 版，世界書局。

6. 《莊子》：郭象注，中華民國 57 年 8 月 2 版，臺灣中華書局。

7. 《荀子集解》：中華民國 61 年 10 月 5 版，世界書局。

8. 《墨子閒詁》：孫詒讓著，中華民國六十年二月臺一版，臺灣商務印書館。

9. 《韓非子集解》：王先慎集解，中華 60 年 1 月臺仁版，臺灣商務印書館。

10. 《史記》：司馬遷著，東華書局印行。

11. 《春秋繁露》：董仲舒著，臺灣中華書局。

12. 《宋元學案》：黃宗羲撰，中華民國 55 年 2 月再版，世界書局印行。

13. 《明儒學案》：黃黎洲著，臺灣中華書局印行。

14.《近思錄》：朱熹編著，中華民國 60 年 9 月臺四版，臺灣
　　商務印書館。

15.《傳習錄》：葉鈞點註，中華民國 60 年 2 月臺三版，臺灣
　　商務印書館。

16.《新唯識論》：熊十力著，中華民國 63 年 2 月三版，廣文
　　書局印行。

17.《讀經示要》：熊十力撰，中華民國 61 年 7 月五版，廣文
　　書局印行。

18.《原儒》：熊十力撰，中華民國 64 年 8 月四版，大明王氏
　　出版公司發行。

19.《仁學》：譚嗣同編著，中華民國 47 年 4 月臺初版，大中
　　書局印行。

20.《中國古代哲學史》：胡適著，中華民國 62 年 5 月臺四版，
　　臺灣商務印書館。

24.《中國哲學史》：馮友蘭著，文蘭圖書公司。

22.《心體與性體》：牟宗三著，中華民國 62 年 10 月臺二版，
　　正中書局印行。

23.《中國人性論史先秦篇》：徐復觀著，中華民國 58 年 1 月
　　初版，臺灣商務印書館發行。

24.《中國哲學原論原道篇》：唐君毅著，中華民國 62 年 5 月
　　出版，新亞研究所印行。

25.《中國人文精神之發展》：唐君毅著，中華民國 63 年 10 月
　　3 版，學生書局印行。

26.《中國文化之精神價值》：唐君毅著，中華民國 62 年 3 月
　　臺八版，正中書局印行。

27.《中庸誠的研究》：吳怡著，中華民國 61 年 11 月初版，華岡出版部印行。

28.《哲學演講錄》：吳怡著，中華民國 65 年 2 月初版，東大圖書公司。

29.《孔子研究集》：中華叢書編審委員會，中華民國 49 年 9 月印行，臺灣書店。

30.《中國人生哲學概要》：方東美著，中華民國 63 年 10 月臺再版，先知出版社印行。

31.《中國哲學思想史（一）》：羅光著，中華民國 64 年 8 月 15 日，先知出版社。

32.《譚嗣同仁學注譯析論》：中華仁學會編印，中華民國 93 年 3 月初版。

33.《孝經今註今譯》：黃得時譯，古籍，1988 年。

34.《詩經白話新解》：鐘際華校正，文化圖書公司，1993 年。

35.《尚書今註今譯》：屈萬里註譯，臺灣商務二版，2009 年。

36.《四書集註》：朱熹撰，廣益書局，，2009 年。

37.《莊子》：郭象注，藝文印書館，初版，2000 年。

38.《荀子集解》：華正書局，初版，1993 年。

39.《墨子閒詁》：孫詒讓著，北京圖書館出版社，2004 年。

40.《韓非子集解》：王先慎集解，世界書局，2010 年。

41.《史記》：司馬遷著，臺灣商務，臺二版，2010 年。

42.《春秋繁露今註今譯》：賴炎元註譯，臺灣商務，2010 年。

43.《宋元學案》：黃宗羲撰，世界書局，2009 年。

44.《明儒學案》：黃黎洲著，世界，2009 年。

45.《近思錄》：朱熹編，柏室科技藝術出版，2006 年。

46.《傳習錄》：葉鈞點註，柏室科技藝術出版，2006 年。

47.《新唯識論》：熊十力著，明文書局，再版，2000 年。

48.《讀經示要》：熊十力撰，文听閣圖書，初版，2008 年。

49.《原儒》：熊十力撰，文海學術思想研究發展文教基金會出版，1997 年。

50.《仁學》：譚嗣同編著，上海古籍出版社，2002 年。

51.《中國古代哲學史》：胡適著，五南書局初版，2013 年。

52.《中國哲學史》：馮友蘭著，文蘭圖書公司。

53.《心體與性體》：牟宗三著，正中書局，1973 年 10 月臺二版。

54.《中國人性論史先秦篇》：徐復觀著，上海三聯書店第 1 版，2001 年。

55.《中國人文精神之發展》：唐君毅著，校訂一版 2000 年，學生書局印行。

56.《中國文化之精神價值》：唐君毅著，1979 年 3 月臺八版，正中書局印行。

57.《中國哲學發展史》：吳怡著，三民書局，四版，2009 年。

58.《中國哲學思想史・先秦篇》：羅光著，1982 年，台灣學生書局。

附錄一：道德的意義與西洋道德哲學

第一節　道德的意義

　　一個新的國家所以能夠統一的原因，最初的時候都是由於武力的強大，繼之以各種經濟、交通的建設，便能成功。但是，要維持國家的安定與繁榮，還要有文化道德的問題，有了很高尚的倫理道德，國家才能長治久安。可知，倫理道德才是立國的根本，有了道德，才有國家，道德成了民族的靈魂，例如中國歷史的興衰，元朝是蒙古人的天下，但因元朝的文化道德比不上中國歷代的文化道德那樣文明，所以，後來蒙古人還是被中國人所同化，清朝滿洲人也是一樣，因為我們民族文化的道德高尚，所以，國家雖亡，民族還能夠存在，不僅是自己的民族能健在，並且有能力同化外來的民族，這種對歷史文化的見解，我們可以稱之為「道德史觀」。

　　此一道德史觀可以適用於人類歷史，因為在人類的歷史發展中，我們清楚的看到迦太基的滅亡，巴比倫的消失，這些文明古國之所以沒有存續下來，主要的原因是倫理道德的被忽視，另外，像中國、希臘等，因為有高尚的道德，雖然歷經改朝換代的變遷，他們的文化卻能留傳至今。其實，道德不僅是

立國的根本，更是人之所以爲人的本質，是人和禽獸差別的主因，從哲學思考的探討中，人不但是認知的主體，更是道德的主體。

道德一詞是由道和德兩字合成，依照一般的解釋，這個道有十三種意義：

（一）指路，如《論語・陽貨》：道聽而塗說。

（二）指理，如《中庸》第一章：道也者，不可須臾離也，可離非道也。朱熹註解說：道者，日用事物當行之理。

（三）指通，如《左傳・襄公三十一年》：不如小決使道。

（四）指術，如《國語・吳語》：道將不行，此道猶術也。

（五）指由從，如《漢書・淮南王傳》：諸使者道長安來。

（六）指祭名，祭行道之神於國城之外。

（七）指地域上的區畫，唐貞觀時，分天下為十道。

（八）指宗教名，如道教。

（九）指國名，周時國名，春秋時被楚國併吞。

（十）指姓，道國被楚國所併，子孫以道為姓。

（十一）指言說，《孝經》：非先王之法言不敢道。

（十二）指治，《論語・學而》：道千乘之國。

（十三）指引、導，《左傳・隱公五年》：請君釋憾於宋，敝邑為道。

日常生活中常與道併用的話很多，如：道人、道士、道心、道家、道教、道統、道義、道路、道德、道學、道藏等等。

此外，德有五種解釋：

（一）修養而有得於心，《周易・乾文言・九三》：君

　　子進德修業，忠信，所以進德也。

（二）指恩惠，《論語‧憲問》：以直報怨，以德報德。

（三）指福，《禮記‧哀公問》：百姓之德也。

（四）指四時旺氣，《禮記‧月令》：某日立春，盛德在木。

（五）指國名，德意志就是德國。日常生活中，與德併
　　　用的話也不少，如德化、德行、德望、德風、德
　　　澤等等。

　　從歷史的角度看，道字被賦予哲學意義的時間相當早，例
如《尚書‧大禹謨》記載舜讓位給禹的時候說：「人心惟危，
道心惟微。」根據史家推測，大禹治國，在西元前 2224 年左右。
站在哲學的立場看，古籍中對道的解釋，以《周易‧繫辭傳》
的兩句話最為簡要，〈繫辭上傳〉第五章說：「一陰一陽之謂
道」，〈繫辭上傳〉第十二章說：「形而上者謂之道，形而下
者謂之器」。

　　第一句話是說陰與陽是宇宙兩大生化作用，這兩大作用相
互激盪調和而生化萬物，道代表這種陰陽變化的法則。第二句
話是說道不落形象的限制與滯礙，道純粹是形而上的存在，可
知，《周易》的道是抽象的，無形體度量，而為萬事萬物所共
有的，《周易》所說的道，有乾道、坤道、天道、地道、人道，
包括了宇宙和人生的變易法則。《中庸》第一章說：「天命之
謂性，率性之謂道。」朱熹《四書集注》對「率性之謂道」註
解說：「率，循也。道，猶路也，人物各循其性之自然，則其
日用事物之間，莫不各有當行之路，是則所謂道也。」。

　　《中庸》對道的解說，已經走向人道的思想。《大學》第
一句便說：「大學之道，在明明德，在親民，在止於至善。」

《大學》是大人之學，大學之道，就是講做人的道理，是成就聖賢、君子的修養方法，因此，荀子說：「道者，非天之道，非地之道，人之所以道也，君子之所道也。」（《荀子・儒效》）儒家所講的道，偏向於人之所以為人的原理原則，不過，這種人道，以天地之道為基礎。

至於德字，在古代，德與得相通，是得其至當的天性，行道而有得於心，而且表現於行為的意思。道和德原是有區別的，因為，道是天地人物所共由的原理法則；德是得於身心，人的內在自得，所以《論語・述而》孔子說：「志於道，據於德。」至於道與德二字合成一詞使用，見於《周易・說卦傳》第一章說：「和順於道德而理於義，窮理盡性以至於命。」

這是說人生應該將個人受之於天的德性，和宇宙自然的道相通和順，使我們行事合宜，以窮盡事物的道理，善盡天地的本性，不違逆天命。道與德連用，道德成了一個名詞，等於一個人的品德或德性，我國古籍最早提出倫理德目（德性、品德）應屬《尚書》，《尚書・堯典》曰：「欽、明、文、思、安安，允恭克讓。」〈堯典〉形容堯帝敬謹、明達、文雅、謀慮、溫和、誠然恭敬、能夠謙讓。《尚書・皋陶謨》曰：「寬而栗，柔而立，愿而恭，亂而敬，擾而毅，直而溫，簡而廉，剛而塞，彊而義，彰厥有常，吉哉。」

皋陶告訴禹，人的行為有九種美德，寬大而能謹慎，溫柔而不為外物動搖，忠厚誠實而有辦事的能力，有治事的才幹而能恭敬，和順而能剛毅，不因受挫折而灰心，正直而能溫和，簡易而能辨別是非，剛健而能篤實，勇敢而能合乎正義，能夠常保這九種德性，那就完美了。《尚書・洪範》曰：「五事：

一曰貌，二曰言，三曰視，四曰聽，五曰思。貌曰恭，言曰從，視曰明，聽曰聰，思曰睿。恭作肅，從作乂，明作哲，聰作謀，睿作聖。」

《洪範》所謂五事，一是態度，二是言論，三是眼光，四是聽覺，五是思想。態度要恭敬，言論要正當，眼光要明亮，聽覺要清晰，思想要通達。態度恭敬，就能嚴肅；言論正當，就可以治理事務；能看得分明，就明智了；能聽得清楚，就有謀慮；思想能通達，就聖明了。《尚書・洪範》曰：「三德：一曰正直，二曰剛克，三曰柔克。平康正直，彊弗友剛克，燮友柔克，沉潛剛克，高明柔克。」《洪範》所謂三種德性，一是不邪不曲，二是剛強過度，三是柔弱過度。平正中和就是正直；倔強不溫和就是剛強過度，和順而不堅強就是柔弱過度，深沉的人要用剛強來矯治他，高明的人要用溫柔來矯治他。

除了《尚書》論及諸德外，其他典籍如《論語》以仁統攝諸德，《中庸》以智仁勇爲三達德，孟子主張仁義禮智爲四德，班固以仁義禮智信爲五德，孫中山以忠孝仁愛信義和平爲八德。

我國的道德思想，完全表現在人倫的關係上，所謂倫理，是人倫之理，有如《禮記・禮運》的人義，何謂人義？就是父慈、子孝、兄良、弟悌、夫義、婦聽、長惠、幼順、君仁、臣忠。這種人倫關係又稱五倫，就是夫婦、父子、兄弟、朋友、君臣。孟子在《孟子・滕文公上》以爲人無教養，則近於禽獸，必須教以人倫，使父子有親、君臣有義、夫婦有別、長幼有序、朋友有信，幾千年來，傳統的倫理，以五倫爲規範。

至於西洋方面，哲學家也喜歡談論道德，例如柏格森（Henri Bergson）認爲道德的起源有兩個主要因素，一方面是社會的壓

力，因為特殊時空環境而形成，這是一種封閉的道德，只在某些區域內有效流傳的道德；另一方面，是道德英雄的啓發影響，先知先覺超越時空，提出永恆的、普遍的道德，爲全人類所接受，這是一種開放性的道德，如孔子的仁、耶穌的博愛。人類道德的進展，由封閉到開放，這種過程大約可分爲三個階段，第一個階段，最早的原始人類社會，共同遵守一些流傳的道德規範，稱爲習俗的道德，再進展到傳襲的道德，遵循傳統因襲的道德，第三個階段發展成理性的、反省的道德，這三個階段，就是從原始社會進化到先知先覺所開創的道德理想。

　　西洋所謂道德哲學，廣義地說，就是倫理學，道德哲學的基本方向，是要研究道德的性質、根源、形成等問題，以及探討我們行爲的是、非、正、邪、善、惡，何者爲是？何者爲非？什麼事應該做？什麼事不應該做？善惡的標準是什麼？如何分辨是非？等等做人的道理，進而討論人生的道德目的和道德理想，以及如何實現這些目的和理想，最後追求人生的幸福和道德的至善。

第二節　西洋的道德哲學

　　西洋哲學從古希臘開始，以泰里士（Thales 624-546 B. C）爲鼻祖，泰里士認爲水是宇宙太初，是萬物的根源。這種說法衝破了宗教神話的領域，進入哲學和科學的範疇，就是以實際觀察的方法，研究宇宙的構成本源，希臘前期哲學大都集中在這個範圍，經過一百多年，到了蘇格拉底，才轉向探討人生目

的和道德問題，所以，我們論說西洋道德哲學，當以蘇格拉底為開始。

一、蘇格拉底知識即道德

蘇格拉底（Socrates 470-399 B.C），是希臘雅典人，父親是雕刻家，母親是助產士，他曾娶妻生子，據說太太是個悍婦，蘇格拉底自我解嘲的說：我深信，如果我能夠忍耐她，我就能寬容天下人。他喜歡出入雅典的街頭巷尾，教導青年關心自己的靈魂，以及覺悟自己的無知，因此，有人稱他為街頭哲學家。不幸，雅典市民告蘇格拉底不信國家遵奉的希臘諸神，他被控入獄，在監獄裏，蘇格拉底仍然和弟子們侃侃而談人生的問題，他拒絕逃跑，願意服從國法，終於服毒，臨終前，告訴弟子，他欠人一隻雞，希望代為奉還，不要忘記。

古代希臘社會，公認人生應該具備四種德性的修養，稱為四樞德，這四大德性是智慧（Wisdom）勇敢（courage）正義（Justice），節制（Temperance）。什麼是智慧，蘇格拉底認為人有辨別是非善惡的知識。所謂勇敢，是人有處變能力，遇到危險，應付自如，臨事不亂。所謂正義，是對人我關係有正常的知識。所謂節制，是深知嚴格律己。蘇格拉底探討這四種德性，得一個結論：道德和知識不可分，知識是道德的基礎，有了知識，才能知道道德的修養。

所以他說：「知識就是道德」，這種「知德合一」是把道德奠定在知識的基礎上。他強調客觀知識是行為實踐唯一的依據，並且認為所謂道德根本上只是知識，沒有人擁有知識而做

壞事，沒有人故意爲非作歹，世界上沒有自願作惡的人，作惡的人只是無知，所謂有智慧的人，是知道什麼是對的，而且願意去實踐的人。一切都是知識，勇敢、正義、節制等道德都是知識。

　　然而，什麼是知識？詭辯學派（辯士學派（sophists），亦稱智者學派）認爲知識由每一個人的各別感覺而來，蘇格拉底表示不同的看法，他認爲知識不是由經驗上的感覺而生，感覺得不到正確的知識，因爲感覺所接觸到的，只是事物的現象，而不是事物的內在本質，要認識事物的本質，要得到真正的知識，只有運用理性的思維，因爲理性對於善惡可以培養深邃的智慧，這種由理性的思辨而得到的真知識，是人類從深思中獲得的知行本體，知識和道德生活已經打成一片，這種知識包括一切的知和行，有如王陽明的知行合一，所謂「知之真切篤實處即是行，行之明覺精察處即是知」（《傳習錄》）一樣，要有真知才能力行，必須篤行踐履才能明察確知。

　　蘇格拉底認爲我們內心所追求的，是如何使靈魂更趨於善，能夠分辨是非，求善是人生最高目的，這種善兼備了理論知識和實踐行爲，以蘇格拉底的一生來說，他確實表現了知德合一的道德人格，蘇格拉底不愧是一位實踐道德的哲學家。

二、柏拉圖靈魂三分說及其解脫論

　　柏拉圖（Plato 427 B.C）道德哲學的要旨，主要在求得至善的生活，至善的生活是人類真正的幸福。在至善的生活裏，表現出來的特性是：（1）適度，（2）均衡、美、完全，（3）

理性和智慧，（4）知識、技術、正確的判斷，（5）沒有痛苦的純粹快樂，適當的食欲滿足感。

　　如何追求至善的生活？柏拉圖主張要使靈魂從肉體中解脫出來，追求靈魂超越肉體，以求得靈魂的和諧。柏拉圖認為肉體是有死滅的，卑微低下的；理性的靈魂是單一不可分的、無死滅可言的、神智的、高尚尊貴的，肉體猶如監獄，靈魂要從肉體中設法獲得解脫，肉體的死亡，反而可以使靈魂獲得解脫的機會，所以，哲學家當求靈魂的解放，使靈魂從肉體中分離，這是哲學家一生專注的事業。

　　柏拉圖認為靈魂可以分為不朽的部分和有死滅的部分，包括三種靈魂：（1）為理性的靈魂，位於人的頭部，理性愛慕智慧，它所表現的德性是智慧，（2）為高貴氣慨的靈魂，位於人的胸部，追求名譽，它所表現的德性是勇敢，（3）為卑下的情欲靈魂，是指生殖、佔有等衝動欲望，位於人的下部，它所表現的德性是節制。這三種靈魂各自完成自有的德性，達到彼此的和諧，這種和諧的靈魂，理性為主宰，卑下的情欲應有節制，絕對服從理性的指導和控制。

　　因此，所謂靈魂和諧，就是理性自主。理性為什麼要自主？因為人類雖有理性，但是還有情感和慾望的衝動，如果情欲泛濫，主宰行為，人類如何為善？所以，必須理性作主，宰制情欲，人類的言行才能合乎中道，表現美善。因此，為了使情欲不能得逞，我們要服從理性，最後，解除肉體對靈魂的囚禁和束縛。

　　柏拉圖把他的道德哲學運用到政治理論上，遂有理想國的組織架構，這種政治思想，實際上是倫理道德的理想，理想國

把人分為三類，猶如我們的靈魂，也有三個部份，最高的是哲學家，愛智者，是管理國家的統治階級，他們有理性，有智慧；其次是防守國家的捍衛階級，就是軍人戰士，他們服從命令，對應盡的義務絕對忠實，表現勇敢；第三類是平民，從事於生產勞動的農工、商、僕人、奴隸等，他們猶如我們卑下的、情欲的靈魂，應該服從理性的指揮，具有節制的道德，這三種階層人士（哲學家或統治者、軍人、平民）若能各司職責，自己修養應具的道德，而使三種道德（智慧、勇敢、節制）和諧發展，就是正義的表現。

三、亞里斯多德的幸福論

亞里斯多德（Aristotle, 384-322 B.C）的道德哲學影響歐洲兩千年來的思想和生活相當深遠，在西洋道德學派中可以稱得上「正統」兩字。

亞里斯多德認為每一種活動，都有一個目的，或是說每一種有意識的行為，無論是科學的或是技藝的追求，都以達到某種善為目的，善是一切事物所企獲的目標，例如醫藥的目的在增進人類的健康，軍事的目的在獲得勝利，經濟的目的在追求財富，每一種行為追求部份的善、相對的善，整個人生則在追求絕對的善，止於至善，至善（絕對的善）是其他相對善的究竟目的，人生所追求的至善是幸福，幸福是人生的最高目標。

亞里斯多德主張幸福就是過美好生活的意思，但是所謂美好生活，一般人有不同的見解，庸俗的人以快樂為美好生活，換句話說，以快樂為幸福，另外有一些政治人物，以榮譽名望

為他們在政治上或群體生活中所追求的目的，還有一些人以追求財富為目的，但是無論快樂、榮譽或財富，都不是人生的最終目標，也不是至善或幸福，那麼什麼是真幸福呢？1.幸福是終生追求的事業。2.幸福是人生最後而又自給自足的生活。3.幸福不是一時的快樂。4.幸福是與道德相吻合的行為。5.幸福為心靈遵從道德法則的行為。6.幸福也需要外在的善（朋友、子孫、健康、財富等）。7.幸福的最高境界，是一種沉思的、默想的（Contemplative）生活。

　　簡言之，所謂幸福，是言行符合道德的理性生活，可以涵攝整個人生過程。從幸福的界定，我們得知唯有道德才能達到幸福，道德是人之所以為人的本質，是人和其他動物不同的地方，因為動物只有感官知覺，而人類還有理性和倫理，就是有道德的活動，依照亞里斯多德的說法，人類有兩種德性，一為理智的德性，一為倫理的德性。所謂理智的德性，又稱為心靈的德性（所謂心靈，就是人類能夠感覺、思想的部份），是指我們對於事物的知識，對是非善惡有所認識，知道什麼是善，什麼是惡，這對行為是有助益的，使我們在日常生活中，表現得較為小心和穩健，避免因無知而犯錯，理智的德性包括有智慧、智識、謹慎等。

　　此外，所謂倫理的德性，就是寬大、節制、勇敢、溫和、誠實、慷慨等，倫理的德性蘊涵抉擇，倫理的抉擇分五個步驟：1.欲望（desire）：一個人欲求某一目的，2.慎思熟慮（deliberation）：對獲得目的之各種手段加予思考，3.覺知（perception）：察查後的了解，4.抉擇（choice）：小心謹慎的選擇，5.行動（act）：選擇後的行為。可知，這種倫理的德

性並不是天生的，而是需要經過道德的訓練，爲什麼要經過道德的訓練呢？

　　因爲人類除了擁有理性外，還有各種情感和慾望，若由情感和慾望任意發展，將傾向爲惡，但是人類又無法徹底將情慾清除，所以，人類的道德只是使情感和慾望接受理性的控制，所謂道德的訓練，就是訓練理性指揮情慾，使情慾接受理性的導正，逐漸增加理性的活動能力，最後完成自己的理智生活。

　　亞里斯多德所謂道德的訓練，主要目的在使我們能夠辨別善惡，並養成良好的習慣，善惡的區別在哪裏？他認爲善惡的區別以合乎中庸爲標準，合乎中庸是善，過與不及是惡。簡言之，道德行爲必須合乎中庸，中庸是一切善的行爲，而一切善的行爲都具有一定的均衡，比例適當的特徵。我們如何選擇中庸？去其兩端而取其中道呢？主要的方法在我們的內心運用理智，周詳的審計，對人、事、時、地、物有正確的抉擇，而又能恰到好處，就叫做中庸，例如，我們的行爲，魯莽是過，懦怯是不及，勇敢才是中庸；又如在日常生活上，奢侈是過，吝嗇是不及，慷慨才是中庸，他如在情感的表現上，放蕩是過，麻木是不及，節制才是中庸。

　　中庸的另一種意義是正義，正義是完全的德性，也是中庸之道，正義是以正當的方式做人處世，不犯法，不貪財，處事公平，善待別人；相反的，不義是處事不公平，並且貪求不公正的事物，不義的人有兩種，一種人在金錢上奪取不應得的財物，另一種人，是犯法的人，違反法律。

　　狹義的正義有兩種，一種叫分配的正義（distributive justice），另一種是矯正的正義（corrective justice），所謂分

配的正義，是在私人交際上或是商業財物交往上應有的態度，做到合乎比例公正、公平的分配，相反的，不義的分配，不是太多，就是太少，處事不公道的人取得太多，而遭受不公平待遇的人所得太少。所謂矯正的正義，無論是什麼人犯了罪，法律對他們都是平等的看待，法官的任務是糾正不公平，法官執法，使兩造平等，所以說法官是正義的化身，法官要恢復社會的公平。

我們若能堅守中庸之道，又有智慧、道德和正義，是否能夠獲得幸福？亞里斯多德以為這仍不算幸福，因為人處在社會中，不能離群獨居，所以，需要外在的善，例如：健康，好的朋友，足夠的財富、和樂的家庭、子孫賢孝、容貌出眾等等，這些外在的善是幸福的輔助條件，能夠集合內外的善，才可以稱為幸福。

四、快樂主義（Hedonism）

快樂主義是西洋道德哲學派別相當流行的一種思想，因為以快樂做為人生的目的，是具有吸引力的。快樂主義主張快樂不僅是人生的目標，同時也是道德的標準。所謂快樂，是感覺上或精神上對衝動的滿足，行為的道德價值，以快樂或痛苦為衡量，換句話說，快樂就是善，痛苦就是惡。

（一）德謨克里特斯（Democritus 460-370 B.C）

首先提出快樂思想的希臘哲人是德謨克里特斯，他認為人類行為的主要目的在求快樂，行為有益或有害的標準在乎快樂

或痛苦，人的一生當中，最佳的生活是很多愉快，很少苦惱。不過，他所謂快樂，不是感官或肉體的快樂，而是靈魂的快樂，這種快樂是一種精神的悅樂，悅樂是精神保持均衡或和諧的狀態，快樂的來源出自智慧，所以，只有理性才能指示我們正當的快樂，凡是不理性的情欲衝動，都沒有任何價值意義，而且快樂也必須有節制、適度恰當、能知足，不作過份的要求，這需要運用理性和智慧，加以反省和把握。

（二）亞里斯提帕士（Aristippus 435-350 B.C）

據稱亞里斯提帕士是蘇格拉底的學生，蘇格拉底認為人生以求善為目標，但是，善是什麼呢？蘇格拉底沒有詳細的說明，亞里斯提帕士於是主張善是快樂，惡是痛苦，人生的最高目標是感覺上的快樂，這種主觀的快樂感覺，就是肉體的快樂，也是個人的快樂，由自己的感受來判斷快樂或痛苦，這種感受是外物因活動刺激身體所產生的內在心靈的感覺，外物刺激有溫和的、強烈的、弱小的三種狀況，由溫和的活動刺激我們身體，可以產生快樂的感覺，強烈的活動刺激產生痛苦，弱小的活動刺激沒有苦樂可言，人生的目的在求得溫和活動所產生的快樂感覺，避免因強烈活動所產生的痛苦感受，可知，這種快樂的感覺是個別的、當前的、直接的、積極的、活潑生動的、沒有性質差別的、不是玄想的，不是靜態的，不是精神的，他的結論是肉體的快樂超過精神的快樂。

然而，亞里斯提帕士深知，如果縱慾享樂，必定遭致身心痛苦，所以，他強調我們要控制快樂，宰制享樂，為了不做快樂的奴隸，我們要有「智慮」（prudence）的修持，那是一種

小心謹慎，深思熟慮，明辨精審的德性，如此一來，他把知識和道德都看作追求快樂的工具，而個人的快樂是人生唯一的目的。

（三）伊比鳩魯（Epicurus 342-270 B.C）

伊比鳩魯是古希臘伊比鳩魯學派的創始人，他以提倡快樂主義聞名，不過，他的快樂思想和亞里斯提帕士的快樂論不盡相同，因為亞里斯提帕士的快樂，偏重當前肉體感官知覺的快樂；伊比鳩魯的快樂，偏重精神上淡泊寧靜的快樂，這種快樂不是短暫的個人感覺，不是縱慾，不是一時強烈的快感，而是身體無痛苦，精神無煩惱，心靈不受打擾，終身受用不盡的悅樂，這種快樂可以說是痛苦的缺乏（absence of pain），也就是沒有痛苦的快樂。所以，不是物質和肉體的享受，不是大吃大喝，侈奢浪費，也不是男女之間的情愛，因為這些生活將帶來很多後遺症，例如大吃大喝，各種疾病隨之即來，慾望和需要的滿足，適可而止，才是上策。

如何獲得快樂？伊比鳩魯認為：（1）要有道德，道德是求得心靈安靜的重要條件，道德和快樂有密切的關係。（2）要有智慧，智慧可以免除偏見、執著和迷信，避免愚昧無知的幻想和欲求。（3）要有節制，不斷自我約束，避免因為一時的快樂，遭受長期的痛苦，得不償失，慎思明辨，才能減少無謂的痛苦和煩惱。（4）要有好的友誼，人生在世，不能沒有朋友，獨自快樂，不如與朋友分享快樂。

伊比鳩魯是一位知行合一的道德實踐家，他的一生充滿了友誼、仁愛、悅樂、超越等完美的快樂生活。

（四）霍布士（Thomas Hobbes 1588-1679）

古希臘的快樂思想一直到中世紀以後，在英國造成了效益主義（Utilitarianism）的盛行，這一派學說的主要目的，在求取人我兼相利的幸福與快樂，代表人物有霍布士、邊沁、穆勒等人。霍布士主張經驗是知識的唯一基礎，外界事物先通過我們的感官，有了知覺，造成觀念，再形成知識系統，所以說，思想的來源，是經由感官的知覺。一般人的感覺，只有快樂和不快樂的差別。

因此，知識也區分為快樂和不快樂兩種，使我們快樂的知識是真知識，使我們不快樂的知識是沒有價值的假知識。理所當然的，每一個人都追求快樂，求快樂是利己的表現，而利己是行為的唯一動機，凡是有利於己的都是善，利己也是人的天性，所以說，凡是帶給自己快樂的就是善，凡是帶給自己不快樂的就是惡，霍布士不承認人類有純粹的利他心，一切看起來好像是利他的行為，其實都是以利己為動機。

霍布士對人性和群己關係的看法相當特殊，他認為人和人之間，好像是豺狼一樣，相互利用，初生的嬰兒，並沒有道德的同情心，只有利己的動機，但是如果每一個人都是自私自利，大家一定彼此相爭，所以，必須利己又利人，自己快樂，別人也快樂，才是真正的善。

（五）邊沁（Jeremy Bentham 1748-1832）

邊沁認為人生以追求幸福為目的，幸福成了道德的標準，能夠使人增加幸福就是善，使人減少幸福就是惡。善惡又以苦

樂爲準繩，苦樂是善惡的標準，人的一生完全受苦和樂的影響，沒有人例外，每一個人都有苦樂的感覺，況且，我感覺快樂，別人也一定感覺快樂，別人感覺痛苦，我也一定感覺痛苦，所以說，苦樂不只是主觀的感覺，還具有客觀的意義，苦樂既然有客觀存在，那麼應該可以計量。邊沁主張苦樂的感覺，有七種計算標準，例如，有兩種快樂，一強一弱，我們選擇強的快樂；有兩種痛苦，也是一強一弱，我們選擇弱的痛苦。最後，我們選擇一個最大、最好、利己又利他的快樂，這就是邊沁所謂「最大多數的最大幸福」的原理。

（六）米勒（J. S. Mill 1806-1873）

米勒對邊沁的思想有兩點修正，第一：快樂不僅在度量上可以計算，也有性質的差異，邊沁認爲快樂沒有性質的差別，只有度量上的大小，但是，米勒認爲快樂有高低之分，例如，有甲乙兩種快樂，甲種快樂雖比乙種快樂在度量上爲小，但在性質上，甲種快樂比乙種快樂爲高，我們應該選擇甲種快樂，這種明智的抉擇，表示人和禽獸不同的地方，自尊自重而不會一時的追求動物本能的滿足，這就是寧爲人類尊嚴而不滿足，也不願像禽獸般的快樂。第二：個人可以爲了群體的利益而犧牲自己的快樂和幸福。邊沁的效益思想，強調利己又利他，米勒主張爲了增進大家的福利，可以犧牲自我的利益，如果對社會有益，這種犧牲也很有價值，這是一種純粹利他的效益思想。

五、中世紀的道德思想

中世紀的哲學是希臘、羅馬和希伯來等思想的結合，所謂

希伯來文化，主要就是基督教，基督教教義以《聖經》爲主要
內容，《聖經》分爲〈舊約〉和〈新約〉兩部份，〈舊約〉的
摩西十戒，代表希伯來人的道德律，〈新約〉則以信、望、愛爲
三主德。

　　《聖經》的道德思想，影響中世紀哲人，我們舉奧古斯丁
來說明。奧古斯丁（ST. Augustine 354-430）的道德哲學，主張
幸福論，他認爲人類行爲的目的在求得幸福，幸福是人生的目
標，獲得幸福的唯一途徑，需要通過上帝，依靠上帝的恩典，
以信愛上帝爲人生最大的職責，爲什麼要靠神的恩典，因爲神
寵或恩典是破除神人隔絕關係唯一可能的方法，而且人有原
罪，不能自救，所以，只有天主的仁愛和恩典，人類才能得救。
人生的最高目的，在於得救後復歸於神，而與上帝相結合，飽
享神的恩典。換句話說，只有上帝的存在才能保障我們內在心
靈的寧靜和幸福人生的獲得。

六、康　德

　　康德（Immanuel Kant 1724-1804）的道德哲學，主要見於
《道德形上學的根本原理》和《實踐理性批判》這兩本書，它
的內容包含以下 5 個主要思想：

（一）善意（good will）和理性

　　康德在《道德形上學的根本原理》一書中，開宗明義的表
示，在這個世界上，除了善良意志（good will），沒有其他東
西可以無限制的被稱爲善。資賦優異、機警敏銳、明智的判斷
力、膽識、勇氣、果斷、堅忍等性格，無疑都是好的，可是，

如果運用這些才能的意志不是善良的，那麼，這些才能可能變成極端的有害，例如，有權勢、豐富財產、好的聲望、身心健康、生活快樂美滿等，如果沒有善良意志，使言行合乎善，這些幸福美好往往使人驕傲自負，引發專橫無道。如此說來，善良意志似乎是構成幸福不可缺少的必要條件。

另外，還有一些好的性格，值得讚賞，例如：溫和冷靜、克己節制、周詳計議、深謀遠慮等，這些性格本身沒有無條件的價值，而必須以善良意志為先決條件，因為如果沒有善良意志來主導，這些性格可能產成很壞的行為，一個沒有善良意志，但是沉著冷靜、周詳謀慮的惡徒，比一個沒有聰明才智的人更加危險而且可恨。

善良意志之所以被稱為善，並不是因為它所成就的功效，也不是因為它容易達成某些預定的目標，而是它本身就是純粹的善。善良意志本身就是善，不受一切愛好（inclination）左右，不為任何目的，也沒有什麼動機，這種意志從何而來？康德以為善良意志從理性而來。

理性賦予我們的，是一個對意志有影響作用的實踐機能，更確切地說，理性的真正目的是產生一種意志，這個意志不是為了達成某種目的，或是當做某些手段而為善，而是意志本身就是善，所以，理性的主要功能，是為了產生一個本身就是善的意志，這個善良意志是最高的善，是一切其他善的條件，甚至是追求幸福的條件。

（二）本務（義務 duty）

康德認為我們的行為大致上可以分為三種：一是違反本

務，二是合乎本務，三是發自本務。有時候要辨別合乎本務或發自本務（from duty）的行為很困難，例如：商人不可對沒有經驗的顧客抬高售價，這永遠是個本務，一位誠實的商人做買賣總是童叟無欺，因此，生意興隆，雖然，他誠實地對待顧客，但是還不足以使我們確信，這位商人這樣做是發自義務，依誠實的本務原則而這樣做，或許是他自己私人的利益心要他如此做的，若是如此，這位商人所做的行為，既不是發自本務，從本務而作成，只是依於自私自利的目的罷了。

根據上文所舉的例子，我們可以歸結出道德的三大命題，第一命題是：行為要有道德價值，必須從本務而行。第二命題是：發自本務的行為所以有道德價值，並不是因為它所求達的目的，而是在於決定這個行為的準則。第三命題是：本務是由於尊敬道德法則而行的必然行動。從這三個命題的界說，我們得知，只有道德法則本身，才足以當做尊敬的對象。

這樣說來，一個行為的道德價值，並不在於這行為所達成的效果上，換句話說，道德的善惡分辨，不是決定於行為結果的好壞，真正道德的善只能存在於道德法則本身，只要當道德法則決定意志，而不是所期望的效果或目的決定意志時，這個道德的善就已經存在人心之中。

雖然，我們在日常生活中，可以由理性思維中求得本務的概念，但是，我們決不可誤認本務為經驗的概念，相反的，我們經常聽到有人抱怨說，在這世界上根本找不到一個純粹發自本務的事例，因此，有些哲學家認為人類行為都是出於自私心，事實上，要想從生活經驗內找到一個行為只以本務為根據的道德實例，不是很容易，因為，我們的行為動機，大抵是為了自

我的私利和愛好的滿足，並不是為了本務。

　　但是我們應該堅信，即使世上少有真正純粹發自本務的行為，我們的理性依然不根據經驗，獨自規定那應當發生的行為，而且發出不可違逆的命令，叫我們實踐這些行為，例如，在這世上，或許少有完全誠實的摯友，但是，每一個人交朋友，想要得到純粹的真誠友誼的願望，並未減少一點，因為，誠實交友的準則已經包含在本務的觀念之中，而且，這種本務已超乎一切經驗，存在於理性的觀念裏。

（三）假然律令和定然律令

　　康德強調只有人類具有意志的機能，意志是這樣一種機能，它的功用專門在於服從理性的命令，不依於愛好，去實踐道德的善。所謂理性的命令，是指一個意志必須遵從客觀原則的強制束縛（obligation），這種命令的公式叫做律令（Imperative），一切律令都用「應當」（Ought）這個字來表示。所以，所謂律令，只是一種公式，它表示客觀法則對於人類意志的關係。

　　所有一切律令，分為兩種，一種是假然的或稱有待的律令（Hypothetical imperative）；另一種是定然的或稱無待的律令（Categorical imperative）。一個假然律令是先假設某個條件或目的，為了達到這個目的，而去做某件事，例如，想要身體健康，必須早起運動，早起運動是為了身體健康，以健康為目的，所以是有待的。另一種是定然律令，它是說一件行為是客觀的、必須要力行的，它的必然性不是為了達到某些目的，它本身就是應當實行的，例如，不可說謊，待人要誠實。

（四）目　的

　　意志被認爲是一種決定機能，能夠決定自己依照某種道德法則去行動，這一種機能只見於有理性的人類，那個作爲意志自我決定的客觀根據者，就是目的（end）。康德強調人類（有理性者）的存在本身就是目的，並非只是隨便當作這個意志或那個意志所利用的工具，無論人類的行爲是針對自己或關心他人，總須被認爲是一個目的。每一個人必須認爲他自己的存在是一個目的，這是人類行爲的一個主觀原則，同時，其他一切有理性的人也同樣認爲他們的存在本身也是目的，大家所根據的原則相同，所以，這個原則也是人類行爲的一個客觀原則，這個原則，可以作爲最高的道德實踐原則，它的道德實踐律令應該表示說：你應當這樣行動，在任何情況下，無論是對待自己或他人，要把人當作目的看待，同時，決不把人僅只當作工具。

（五）意志自律和他律

　　所謂意志自律（Autonomy），是指意志制定和頒佈道德法則，而且自己服從道德法則，這種自身就是最高立法者的意志，是不能依於任何興趣或利益之上的。基於愛好、興趣、或利害關係者叫做他律（Heteronomy）。這種自律的原則是道德的唯一原則，也是道德的最高原理，所以，只有意志自律才是道德的基礎。

　　假設意志越出自己所訂的法則範圍以外，到其他別處或任何對象中尋找法則，其結果便成爲意志的他律，意志他律就是意志不爲自己立法，不給自己法則，而是爲了其他的目的，例如：如果說謊會喪失我的信譽，爲了保全我的信用和名譽，我不

應該說謊。為了信譽我不說謊，這是基於他律做成的假然律令。

　　相反而言，我不應該說謊，縱然說謊絲毫不會使我喪失信用和名譽，這是基於道德的定然律令。康德強調有理性的人類應該無條件的服從道德法則，所以，康德在《實踐理性批判》一書的結論上說：「有兩件事，我們愈是經常的深思反省它們，就愈增加新的讚美和敬畏，那就是在我頭上的繁星天體以及在我內心之中的道德法則。」這兩件事絕非虛渺，而是明白顯見於每一個人面前的，尤其是那道德法則，是在我們內在的人格深處，無限提升人的存在價值。

七、杜　威

　　杜威（John Dewey 1859-1952）把道德區分為習俗的道德（Customary Morality）和反省的道德（Reflective Morality）兩種，所謂習俗道德是指一種文化傳統約定俗成的觀念，包括風俗習慣、宗教信仰、倫理思想等，這種習俗的道德對社會上每一個人都有很大的影響力，在上古時代，知識不普及，人民生活保守，社會制度很少變化，習俗發揮了對人的約束力，整個社會的秩序賴此維繫，但是當不同文化背景的思想接觸以後，習俗與習俗之間發生衝擊，個人往往感到茫然，無所適從，陷於道德的矛盾。另外，流傳久遠的習俗可能有不合時宜的現象，為解決習俗與習俗之間的衝突，以及修正不合時宜的習俗，反省道德開始產生，那是歷代哲人對傳統的挑戰，所獲得的智慧結晶，依據文化的進展來看，道德知識需要不斷的修正和擴充，道德判斷才能進步。

　　雖然，反省道德的產生，是來自對習俗道德的檢討和反省，但是，兩者絕對不是互不相容的，有些習俗的道德經過反省之後，應當淘汰，有些禮俗經過慎思明辨之後，覺得尚合時宜而該保留，不論淘汰或保留，我們必須運用理智，選擇可行的習俗，使我們在當前的環境中做道德實踐。杜威強調，真正的反省道德應當對一切禮俗傳統的道德信條，全盤研究這些信條產生的背景，進而探究這些信條為什麼會成為大家奉行的道德，最後，研究這些道德在現代環境是否適用及其適用範圍。

參考書目

《康德的道德哲學》：牟宗三譯注，台北市，台灣學生書局，
　　民國 71 年 9 月初版。

《倫理學大綱》：謝幼偉編著，台北市，正中書局，民國 57
　　年 6 月台七版。

《當代倫理學說》：謝幼偉編著，台北市，中央文物供應社，
　　民國 68 年 3 月初版。

《道德哲學》：張東蓀著，台北市，廬山出版社，民國 61 年
　　10 月台一版。

附錄二：道德人格的的養成

第一節　《周易》道德人格的提出

　　《周易》為五經之原，也是我國第一本哲學典籍，其內容以最簡單的原理，論述宇宙及社會進化的法則，我國的政治、道德、宗教、祭祀、家族倫理、天文曆象等，皆起源於《周易》。《周易》始於伏羲畫卦，原為卜筮用書，最初僅言人之入林、涉川、乘馬、行路等日常生活諸事，從這些事的往來進退而知吉凶悔吝，再論及宇宙原理。它的思想是把宇宙論和道德哲學相貫通，從宇宙的變化依順逆之道，可以測知人事的吉凶，人生的吉凶在于順逆之道，順者吉，逆者凶，把人事的吉凶和宇宙的變化相連貫，〈繫辭下傳〉第二章記載伏羲氏畫卦曰：

> 古者包羲氏之王天下也，仰則觀象於天，俯則觀法於地，觀鳥獸之文、與地之宜，近取諸身，遠取諸物，於是始作八卦，以通神明之德，以類萬物之情。

　　自從伏羲氏觀察自然宇宙，體驗現實世界，創立了易學，傳至周文王，文王在姜里演易，益易之八卦為六十四卦，再由周公作爻辭，次由孔子贊之以十翼。十翼雖是孔子的思想，但文字並非全由孔子自撰，有些乃由孔門弟子所記。易學傳至孔

門弟子的時代，已經成爲中國哲學的大典，把原有的迷信澈底清除了，轉向道德人格與哲學思想的範疇。

　　《周易》思想如何教導人類走向道德之路？又如何指引我們建立高尙的人格呢？《周易》有兩句話最爲具體扼要：一爲〈繫辭上傳〉第七章之「成性存存，道義之門」；一爲〈說卦傳〉第一章之「窮理盡性以至於命」。窮理者，窮盡事物的道理，盡性是善盡天地之性，由窮理到盡性以至於探討天命，是一般人從事於道德存養的方法，此一思想下開《大學》「格物、致知、誠意、正心、修身、齊家、治國、平天下」之道，再傳宋明程朱學派。

　　此外，〈繫辭上傳〉第七章子曰：

　　　　易其至矣乎，夫易聖人所以崇德而廣業也，知崇禮卑，
　　　　崇效天，卑法地，天地設位，而易行乎其中矣，成性存
　　　　存，道義之門。

　　這一章述說效法天道，自謙有禮，是聖人用以崇高道德，廣大事業的要法，更亟言存養工夫不容稍懈間斷，必須存之又存，把握住內心受之於天的「性」，久而久之，人的言行自然合乎道，故云「成性存存，道義之門」。這裏我們還須對效法天地和自謙有禮做更進一步的解釋，因爲《周易》斷定吉凶悔吝的標準就在於「效法天地」或「不效法天地」之間，如：〈乾卦‧象辭〉曰：「天行健，君子以自強不息。」有大志的君子要完成德業，應當效法乾道，自己堅強起來，永無休止的求進步，不斷的努力，像天道一樣，永恆的運行。

　　〈坤卦‧象辭〉曰：「地勢坤，君子以厚德載物。」坤卦代表大地的深厚，載育萬物，它的德性像大地一樣，含有溫柔

和順、安祥貞正的美德，君子見此，應當效法它的所行，自勉於廣大能容之德。〈否卦・象辭〉曰：「天地不交，否，君子以儉德辟難，不可榮以祿。」天地不交，上下異志，君子處在這種險惡困頓的環境，要以道德約束自己，收斂一些，避免小人陷害，不可妄自要求虛榮的祿位，徒自招忌。

其他在六十幾條〈象辭〉中，我們都能夠深切體認到著作《周易》者的苦心，從各種不同的情況之下，指引出一個高尚的道德人格所應有的作爲。在這些作爲之中，一個重要的德目必須提出來說明的就是「謙德」。以謙自守是我中華文化的傳統美德之一，《周易》對「謙」非常重視，謙卦六爻皆吉，是六十四卦唯一六爻皆吉的卦，〈謙卦九三〉：「勞謙君子，有終吉。」，〈謙卦・象辭〉曰：「勞謙君子，萬民服也。」謙卦具有亨通的德性，因爲它象徵天道的光明，能夠普照天下，又像地道深厚能容，長育萬物，而人的心理是愛好謙虛，厭惡盈滿的，所以，辛苦勤勞，貞正自守而又能夠以謙卑的德行約束自己的人，他的結果必然是吉的，治國者如此，一定會使萬民心服。

以上簡述《周易》所提建立道德人格的兩大途徑，若能循此途徑而力行不輟，將有何種結果呢？《周易》思想標立了兩個人格世界，一爲「君子」，一爲「大人」。君子是有道德的人，一個人立志向善，往道德之路全力以赴，必可成爲君子，〈乾卦・文言〉曰：

> 君子終日乾乾，夕惕若，屬无咎，何謂也？子曰：君子
> 進德修業，忠信所以進德也，修辭立其誠，所以居業也。

君子是有高尚道德的人，而君子之進德修業有大成就者，

稱爲「大人」，大人爲道德人格的最高典範，其境界如何？〈乾卦・文言〉云：「夫大人者，與天地合其德，與日月合其明，與四時合其序，與鬼神合其吉凶，先天而天弗違，後天而奉天時，天且弗違，而況於人乎，況於鬼神乎。」

大人何能臻此高妙境界？因爲「大人」擁有一顆仁愛天地之心，有先見之明，知照萬物，處於道的大化流行之中而不惑，立身處事合其宜，順乎自然，善守大道，能夠朗露天地精神，表現大人氣象。

總之，《周易》思想將道德人格劃分爲四個等級，最低一等是「小人」，一般大衆爲「庶民」，能進德修業的庶民是「君子」，「大人」則爲進德修業而有大成就者。《周易》此一劃分，影響傳統倫理思想至巨，傳統的道德人格標準從此建立。

第二節　孔子仁道思想的建立

西元前 551 年（周靈王 21 年），孔子誕生於今山東省曲阜縣，少年孤苦，雖貧賤而有志，十五歲就立志向學，三十歲即學有所成，四十歲，能明知事理，過了五十歲則知命樂道，至六十歲，更是不思而得，物來順應，樂以忘憂，及七十歲，本心徹瑩，從容安行，游于聖域，魯哀公 16 年 4 月己丑卒，享年七十有三。

孔子集前賢往聖的大成，其學廣大悉備，而以仁爲學說核心，成一貫之道，謂之「仁道」，仁道是實踐道德人格的最高原則，強調身體力行的重要性，而以忠、恕、孝、弟、信、義

等爲踐仁的德目，茲分別論述孔子仁道思想的 4 個重要意義和內容：

一、仁的實踐精神

　　孔子的仁道以生命爲中心，最重視實踐精神，仁本是實踐之事，而非文字語言之習，整部《論語》教人行仁，成就道德人格，所謂「君子欲訥於言而敏於行」正是仁的實踐精神，孔子說：「知之者，不如好之者，好之者，不如樂之者。」（《論語・雍也》）即表明了樂道踐仁的真精神，因此，仁的實踐要在力行，孔子勉之曰：「我未見好仁者，惡不仁者，好仁者，無以尚之，惡不仁者，其爲仁矣，不使不仁者加乎其身，有能一日用其力於仁矣乎，我未見力不足者，蓋有之矣，我未之見也。」（〈里仁〉），可見爲仁在己，若能持志奮力，自強不息，踐仁就容易了。

　　所以，仁是客觀的踐履之道，而非懸空蹈虛的空洞理念，須知，仁非但俱屬於人的內在精神與人格世界，更是人之所以爲人的本質，也是道德的總歸結點，人只要保持住至善的本性，再擴充不忍人的惻隱之心，就可實現仁道，孔子即以禮樂的陶冶、孝弟忠信義等德目的提倡，實踐仁道。要之，踐仁不僅是實踐客觀的道德規範，更是自我人格的實現，自己成就道德人格，孔子說：「爲仁由己，而由人乎哉。」（〈顏淵〉），只須自覺爲善，仁道即現，苟能立志行仁，雖造次顛沛，唯有殺身以成仁，無求生以害仁，「殺身成仁」表現了生命的無限存在，成就了仁的至高意義，生命誠可貴，仁的價值更高，志士

仁人就是從有限的生命中創造無限的仁的價值，表現了實踐道德人格的最高精神。

二、仁有內聖外王之義

內聖外王一語雖出於《莊子》，但卻為儒學之本義。所謂「內聖外王」，意指由己而人，從內達外之道。內聖之彰著，自孔子仁道始立，其學以顯明道德之本性，而為道德實踐所達成之最高理想；外王者，即在客觀的政治方面，以王道治國平天下。

易言之，內聖之學，止于窮理盡性至命，探萬化之根源；外王之學，至極乎位天地、育萬物，平天下。孔子為儒家初祖，其學多見於《論語》，以仁為宗，《論語》言仁之意，大抵可以內聖外王為依歸，此種內聖外王之道，即是《論語》所謂「一貫之道」。子曰：

> 參乎，吾道一以貫之，曾子曰唯。子出，門人問曰何謂也？曾子曰：夫子之道，忠恕而已矣。」（〈里仁〉）

曾子最能體會孔子的一貫之旨，一者，本心也，亦謂仁體，即孔子的仁教，曾子以忠恕昭明仁體，最善明狀，以忠恕說一貫，即以仁道說一貫。忠者，至誠無妄，盡己之謂也；恕者，推己及物，大公無私，行乎中正，可以終生行之者。〈衛靈公〉曰：「子貢問曰：有一言而可以終生行之者乎？子曰：其恕乎，己所不欲，勿施於人。」己所不欲，勿施於人，僅是忠恕之道的消極面，更積極的說是己立立人，己達達人。

要之，忠者，成己也；恕者，成物也，成己成物，內聖外

王也。孔子又曰：「仁者，安仁。」（〈里仁〉），「君子無終食之間違仁」（〈里仁〉），「回也，其心三月不違仁。」（〈雍也〉）。所謂「三月不違仁」「無終食之間違仁」，表示修養深厚，能夠長久保任仁體，所謂「安仁」，意謂仁者的個性仁厚，心安理得，為人緘默，「仁而不佞」（〈公冶長〉），能夠「其言也訒」（〈顏淵〉），此皆仁者的內聖心境，仁者有此內聖心境，即可由內聖轉向外王，成就外王事業。

　　孔子的外王大業，以「天下為公」的大同之治為理想，孔子曰：「大道之行也，與三代之英，丘未之逮也，而有志焉。大道之行也，天下為公：選賢與能，講信修睦。故人不獨親其親，不獨子其子；使老有所終，壯有所用，幼有所長，矜、寡、孤、獨、廢疾者皆有所養。男有分，女有歸，貨惡其棄於地也，不必藏於己；力惡其不出於身也，不必為己。是故謀閉而不興，盜竊亂賊而不作，故外戶而不閉。是謂大同。」（《禮記‧禮運》）此大同之治，即是外王的規模，孔子深深嚮往，欲以德治實現之，以德化人，以仁教民，行仁道于天下。這是道德與政治的融合，亦為內聖與外王始終一貫的忠恕之道，建基于仁之上，無一物而非仁也。

三、仁是本體，一本萬殊，有「即用顯體」之義

　　仁的體用關係可謂之「全體在用」、「全用在體」。從上述第一義中，吾人明白忠恕為仁體之用，仁是體，以忠恕為用。孔子之學，以仁為體，仁是道德的本體，亦為宇宙萬物的本體，然而孔子未曾以言語來形容仁體，恐人玩弄光景。蓋仁非概念，

不可界說。仁是體，本體無對，流行不息，至健至剛，其變化萬殊，名之爲「用」，用是經驗世界中千差萬別的現象，用是體的顯發與實現，所以無體即無用，無用即無體，譬如於麻繩而知是麻。如果把流行不息而乍現萬殊的功用，看做是有自體的，那麼，更用不著於用之外，再找什麼本體了。

　　所以，仁體非現象，無形相，無方所，無以爲名，又是無聲無臭，寂靜不亂，此種至無至寂之仁體，生生化化其「即用顯體」之義，廣大深微，很難爲一般言語說得，卻是涵備萬理，包含全德，肇化萬物，本然至善，絕對唯一，超越時空，恆久如常，圓融無缺，有無限的功能，萬殊的功用。它是道德的本體，亦爲宇宙的本體，既超越又內在，即體即用，體用不分。易言之，仁之本體與仁之工夫是分不開的，有本體即有工夫，無工夫就無本體。孔子之學，正是從工夫顯露仁體，學者雖可自識仁體，卻須在日常生活中作工夫，於人倫日用之間，隨順自然而存養本心，不使習染妄作障礙之，涵養得通透，仁體便自然呈露。

　　所以，孔子答門人問仁，只教人在事上用力，指點爲仁工夫，孔子曰：「居處恭，執事敬，與人忠。」（〈子路〉）即是人倫日用之工夫，人的日常生活，總不離「居處」、「執事」、「與人」這些事。居處時，容恭貌溫，慎獨不欺，妄念不生，仁就在居處；主事時，態度誠敬，無心要譽，仁就在執事；朋友之交，與人忠，貞信不欺，仁就在與人。此恭敬忠三者皆工夫，而恭敬忠之工夫即是仁，兩者二而爲一，不可分開。所謂「即用顯體」，「即體即用」，「即用即體」之旨，皆可明矣。

四、仁有愛人惜物、天人合一之義

　　孔子以愛爲仁的根本義，仁者不僅愛人，更能愛物，樊遲問仁，子曰愛人。（〈顏淵〉）愛人是仁之用，仁者的本心純善，自然能愛，當然成人之美，不成人之惡，與人爲善，好善惡惡。愛人者，人恒愛之，則遠怨矣。子曰：「躬自厚而薄責於人，則遠怨矣。」（〈衛靈公〉）愛人而薄責於人，不僅遠怨，更可安人，安人有道，以修身爲本，「身修而后家齊，家齊而后國治，國治而后天下平。」（《大學》首章）

　　關於此種修身齊家之道，《論語‧學而》曰：

　　　弟子入則孝，出則弟，謹而信，汎愛眾，而親仁。

　　孔子認爲弟子以孝弟爲先，孝弟是齊家之道，能孝弟而後汎愛眾。蓋孝弟乃人類至情至性之德，不容己而易行之事，孝弟以孝順自己的父母，友愛兄弟姊妹爲修身齊家之道，所謂「仁者人也，親親爲大。」、「親親而仁民，仁民而愛物。」這是有差等的愛，以孝順父母爲先，其次是友愛兄弟姊妹，再其次是汎愛眾，推恩及于天下人，最後是愛物。

　　此種順乎人類自然的愛，可以擴充發展，不僅「老吾老以及人之老，幼吾幼以及人之幼」，更使人不忘生命的本源，即是「不忘本」。所謂「不忘本」，不但愛自己的生命，同時也敬愛祖先及民族的生命。大而愛之，愛惜宇宙萬物的生命，不忍心摧殘萬物的生育，不摧折一草一木，不浪費一米一穀，所謂「正德利用厚生」，仁者於物，雖求利用，而以厚生爲要，重其生生。仁者惜物，本乎「生德」，使萬物生生不息，使大

自然處處鳥語花香，一片和諧，物物均調，人處其境，物我無間，人與萬物為一體，人我兩忘，己物一貫，人生和自然打成一片，此乃「天人合一」之境界。

　　所以，仁是天人合一的妙機，仁有天人合一的最高意義，蓋仁是人之本心，天地之德，本心的感通，上達天地，原無間隔，又人有同情心，愛人無遺，惜物無害，體貼生命，「有與天地同情者，有與禽魚草木同情者。」（王夫之《詩廣傳》），能夠同情相感，真情相通，民胞物與，仁者之懷也。

　　仁道有上述 4 個意義，此種意義落實在為仁之方，即建立道德人格的步驟上，亦是求仁的工夫，顏淵問仁，子曰：「克己復禮為仁，一曰克己復禮，天下歸仁焉，為仁由己，而由人乎哉？顏淵曰：請問其目？子曰；非禮勿視，非禮勿聽，非禮勿言，非禮勿動。顏淵曰：回雖不敏，請事斯語矣。」（〈顏淵〉）孔子以為建立道德人格的根本工夫，是自己以天理為主宰，識察己私，克去人欲，日日戰勝物欲，事事求得合理，則天理流行，仁體當下呈露，即可天下歸仁，萬物皆備於我，渾然與物同體，使言行合乎禮節，復禮而後仁。

　　孔子答顏淵問仁，是從本源之處以言工夫，由此所開出的第一步日常生活工夫，當以孝弟為先，〈學而〉曰：「孝弟也者，其為人之本與！」又說：「其為人也孝弟，而好犯上者鮮矣，不好犯上而好作亂者，未之有也，君子務本，本立而道生，孝弟也者，其為仁之本與。」孝弟為仁之本，就是行仁的第一步，君子能孝親，則民德歸向仁厚，俗話說：「百善孝為先」，而孝有三：「大孝尊親，其次弗辱，其次能養。」（《禮記・祭義》）

　　《論語》談尊親以對父母的禮敬孝心為重，〈為政〉子游問孝，孔子說：「今之孝者，是謂能養，至於犬馬，皆能有養，不敬，何以別乎。」，至於弟，孔子說：「弟子入則孝，出則弟，謹而信，汎愛眾而親仁。」（〈學而〉）弟子出則弟，是恭而有禮，敬而無失的態度，君子與人相交，首先必須要求自己剛強無欲、果敢有為，心意真誠，容態端正，言行謙恭，寬厚待人，信而不失，勤敏從事，對人有恩惠，四海之內皆兄弟，為仁易矣。

　　從上文，我們知道孔子以仁為己任，一生情切於日常生活中實踐道德，以此自勵教人，亦在日常生活中表現仁德，他的生活只是自然老實，心情愉快，容貌舒泰，心安理得，不怨不尤，他的精神真誠惻怛，悅樂不憂，人格高潔，使人對他表露嚮往敬仰之情，孟子讚之曰：「自生民以來，未有盛于孔子者也。」（《孟子・公孫丑上》）。

　　《論語》除了載明孔子道德人格的無限偉大外，在該書諸章內，分別說明了各種理想的人格，其類別有以下幾種劃分：

（一）成　人

　　子路問成人，子曰：「若臧武仲之知，公綽之不欲，卞莊子之勇，冉求之藝，文之以禮樂，亦可以為成人矣。」又曰：「今之成人者，何必然，見利思義，見危授命，久要不忘平生之志，亦可以成人矣。」（〈憲問〉）所謂成人，是德行兼修，人格完美的人，孔子以為成人的理想人格兼有知、不欲、勇、藝等四德，而又節之以禮，和之以樂，已能將各種道德條件都做得很好，此種人便叫「成人」。

（二）善　人

孔子說：「善人，吾不得而見之矣，得見有恆者斯可矣。」（〈述而〉）善人是志於仁而無惡名，有善行而稱著於世者，此種人治國，以仁化民，以善教民，可以收到勝殘去殺的效果，所以，孔子說：「善人為邦百年，亦可以勝殘去殺矣，誠哉是言也。」（〈子路〉）

（三）士

所謂「士」是智德兼備，能教人和管人的人，子路問曰：何如斯可謂之士矣，子曰：「切切、偲偲、怡怡如也，可謂士矣。」士是重義輕利，見得思義，安貧樂道，見危致（授）命，言必信，行必果的讀書人，他有高遠的理想，以仁為己任，《論語・泰伯》曾子說：「士不可以不弘毅，任重而道遠，仁以為己任，不亦重乎，死而後已，不亦遠乎。」所以士不可懷居，士而懷居，不足以為士，士要行己有恥，才能使於四方，不辱君命，而稱著於宗族鄉黨之中。

（四）儒　者

孔子為儒家之祖，他所稱謂的「儒者」，為理想的人格，此一人格所能表現的，絕非愚腐、鄙陋的小人，而是碩學通達的大儒。真正的儒者，是能開物成務，創造大事業，一身繫天下之安危，所以，孔子勉勵子夏說：「汝為君子儒，毋為小人儒。」（〈雍也〉），君子儒是通達的大儒，小人儒就是器識短小，洋洋自得於一技一藝的鄙儒。

　　因此，真正儒者的生活，以精思力踐為主，以躬行實踐的精神闡明儒家學說，教化國人，領導群倫，《禮記・儒行》記載孔子答哀公之問，正是儒者的寫照：儒者自立，夙夜強學以待問，懷忠信以待舉，見利不虧其義，見死不更其守，特立獨行，威嚴自持，勇於行義，剛毅不屈，可親而不可劫，可近而不可迫，可殺而不可辱，戴仁而行，抱義而處，博學而不窮，篤行而不倦，幽居而不淫，世亂而不沮。總之，儒者百行，總持尊讓、溫良、敬慎、寬裕、禮節、言談、歌樂，兼而有之，猶不敢言仁，故曰儒。

（五）君　子

　　君子是孔子理想的標準人格，〈述而〉孔子說：「聖人，吾不得而見之矣，得見君子者，斯可矣。」可知，君子是人人可以做到的，蓋君子為有教養、有道德者之稱，博學約禮，修己以敬，文質彬彬，與人相交，和而不同，成人之美，恭而有禮，敬而無失，以義為質，謙遜誠實，信以成之，君子循天理而行，一切喻於義，反求諸己，俯仰無愧，故能泰而不驕，心胸坦蕩蕩，時時洋溢著悅樂的精神，《論語》第一章便載明君子光風霽月的氣象，孔子說：「學而時習之，不亦悅乎，有朋自遠方來，不亦樂乎，人不知而不慍，不亦君子乎。」（〈學而〉）

（六）聖　人

　　聖人是孔子最高的理想人格，須要道德實踐做到了極致才稱做聖人，《大戴禮記》曰：「所謂聖人者，知通乎大道，應

變而不窮，能測萬物之情性者也。」（〈哀公問〉）聖人不是人人所能做到的，《論語》載：子貢曰：如有博施於民，而能濟眾，何如？可謂仁乎？子曰：何事於仁，必也聖乎，堯舜其猶病諸！」（〈雍也〉）

因此，孔子在《論語》中不敢以聖人自居，也未嘗以聖人讚許時人，只有歷史上的偉大人物，如堯舜禹湯文武周公是孔子心意中的聖人，直到孟子，才推尊孔子為聖之時者也。孟子說：「伯夷，聖之清者也；伊尹，聖之任者也；柳下惠，聖之和者也；孔子，聖之時者也，孔子之謂集大成。」（《孟子·萬章下》）從此以後，孔子成為中國歷史上最偉大的聖人，尊稱「至聖先師」。

第三節　學庸體系的發展

由孔子到《大學》、《中庸》，是儒門思想的正統，講道德人格也順著這個學統來說，本節分為兩部份，前半段談《大學》的明明德，後半段論《中庸》的「誠之」之道，兩者皆言道德人格的建立及其發展問題。

一、《大學》的明明德

《大學》原是《禮記》中的一篇，不知道何人著作，朱子以為係曾子及其門人所記，該書是儒家人生哲學的大綱要，第一章開宗明義的四句話最為重要，其言曰：「大學之道，在明

明德，在親民，在止於至善。」所謂「大學」是大人之學，大人是指孟子所說能守人之大體者而言，人的大體是心思之官，守心之規範者，即成大人，所以說，大人即等於君子，大學即大人之學，亦是君子之學，大學有別於幼學及小學，《大學》為講求道德人格的建立以及治國平天下的一貫大道理。

　　《大學》之道在明明德，第一個「明」是動詞，作彰明解，第二個「明」是形容詞，明德是自身所本有的靈明德性，沒有私慾之蔽者，朱子註解《大學》的明明德說：「明德者，人之所得乎天，而虛靈不昧，以具眾理而應萬事者也，但為氣稟所拘，人欲所蔽，則有時而昏，然其本體之明，則有未嘗息者，故學者當因其所發而遂明之，以復其初也。」(《四書集注》)。易言之，明明德就是彰明自己本身所有的靈明德性。

　　本來，人生之初，就有天賦靈明的德性，但是成年以後，有時難免為私欲所蔽，漸漸染上驕奢淫佚的惡習，《大學》之道首先就是要修明「明德」，保有天性，除物慾，存天理，去私欲，使明德保持天性之純潔光明，不為物欲所誘，建立起自己的道德人格，並且日益發揚道德的光輝，充實人格的偉大，這就是明其明德，有了完善的道德人格以後，向外推恩，行天地好生之德，其目標在於親民。

　　「親民」有兩種解釋，朱熹作「新民」解，所謂新民是使民眾能夠日新又新、進步不已的意思，而王陽明認為親民是親近民眾，教化民眾，革新社會國家的意思，兩者的解釋都有深邃的意義，因為新民必自親民開始，但是講新民可以包括親民。「止於至善」的意思是說無論明明德（修己）和親民（治人）都應當不斷進取，達到至善盡美的境界，所以我們為人處世，

求學立業，要精益求精，擇善固執，以求至乎其極，把握住至善之道，就不會輕浮妄想，見異思遷了。

　　以上說明了三綱領的意義，《大學》接著陳述八條目的先後程序云：「古之欲明明德於天下者，先治其國，欲治其國者，先齊其家，欲齊其家者，先修其身，欲修其身者，先正其心，欲正其心者，先誠其意，欲誠其意者，先致其知，致知在格物，物格而后知至，知至而后意誠，意誠而后心正，心正而后身修，身修而后家齊，家齊而后國治，國治而后天下平，自天子以至於庶人，壹是皆以修身為本。」（《大學》第一章）

　　這一章詳言明明德的始終，首先應該格物，窮究一切事物的真理，其次致知，至其極處無所不知，再次誠意，本心真誠，無自欺，接著正心，端正心思，然後修身，修明德性，之後齊家，整治其家，齊家而后治國，治國而后平天下。從格物致知誠意正心到修身的過程，其目的主要在於建立完美的道德人格，因為一切的外王事業，須以修身為根本，如果不先修養完善的道德人格，而致亂了根本，要想齊家治國平天下，那是決不可能的。

　　《大學》從三綱領到八條目，前後相成，始終一貫，它的歷程，以彰明自己的明德開始，至平天下止，就是明明德于天下的過程，明明德是內聖之道，主要的工夫在於誠意慎獨，《大學》說：「所謂誠其意者，毋自欺也，如惡惡臭，如好好色，此之謂自謙，故君子必慎其獨也。」（《大學》第六章），這一章說明君子致力於道德人格的修養，要特別注重個人獨處而所行所為沒有別人知道的時候，不要自己欺騙自己，誠如曾子所說：在一個人獨處的時候，好像有十隻眼睛在注視著你，十

隻手在指著你，這是多麼嚴格而可敬畏啊！

　　從《大學》的明明德開啓了《中庸》的「誠之」之道，以下談《中庸》的誠道與道德實踐的方法。

二、《中庸》的「誠」與道德實踐方法

　　《中庸》一書共有三十三章，分上下兩篇，從第一章到二十章前段「行前定，則不疚，道前定，則不窮」止，是爲上篇，上篇以「中庸」爲主要思想，從第二十章後半段至三十三章是《中庸》的下篇，以「誠」爲主。綜觀全書而言，「誠」才是《中庸》最重要的一個字，上篇的率性慎獨皆以「誠」爲依歸，「誠」貫通了整部《中庸》的思想體系，其意義如何？吾人僅提出「天人合一、內聖外王」爲誠的兩大內容特徵。

　　「誠」何以有天人合一之義？或「誠」何以是天人合一之道？《中庸》第二十章說：「誠者，天之道；誠之者，人之道。」，「誠」是天道，即天理自然之道，「誠之」是道德人格修養的工夫，乃實踐誠道之意，《中庸》此句可與「天命之謂性，率性之謂道，修道之謂教。」合看，「性」是天所命於人者，天命貫注在人便謂之「性」，人皆含有誠的天性，若能順此天性而行，就能充分發揮誠道，這便是「誠之」的工夫，盡了「誠之」的工夫，即可證知天命，貫通天命與人性。

　　「誠」本是道德實踐的德目，《中庸》把它形而上化，使道德的實踐有形上的依據，「誠」成爲無息的天道，《中庸》第廿六章說：「至誠無息，不息則久……天地之道，可一言而盡也，其爲物不貳，則其生物不測。」，此章言明天道的生物

不測，無窮不息，是在人的至誠無息之德之中表現出來，換句話說，人有至誠無息之德，就可以載物，成物，而以博厚配地，高明配天，成其悠久無疆，則人可與天道合一，與天地合德，臻至天人合一的境界，所以說「誠」是天人合一之道，此道貫通了天命與人性，契合性與天道。

《中庸》以「誠」契合性與天道，這一個契合是內在的契合，就是一方面把天命作為自己內在的本性，另一方面又把它化為形上的實體，誠的作用何以能夠如此呢？它的方法又是如何呢？《中庸》第廿二章說：「唯天下至誠，為能盡其性，能盡其性，則能盡人之性，能盡人之性，則能盡物之性，能盡物之性，則可以贊天地之化育，可以贊天地之化育，則可以與天地參矣。」

「至誠」是本性之德的全部朗現，這個性由天所命，一切人物的性皆由天所命而存有，物我同此一性，「至誠」就是「盡其性」，能夠充分發展天所命於人的本性，所以至誠的人以誠行道，則能盡其性，自己成就道德，同時，自我要求盡人之性，以通于天下人，再盡物之性，以達萬物，因此，能盡性之人，便能盡人之性，亦可盡物之性。

但是，我們必須明白盡性不是至誠的工夫，盡性是至誠的結果，人能至誠，反身而誠，自然能盡性，可以不勉而中，從容中道，到了這個境界，即可以參贊天地的化育，換句話說，誠可以無窮無限的向外感通，盡一切人物之性，與天地相契合，與天地打成一片，此一契合天地之道，是以人性的內在誠德為主，所以說「內在的契合」。

接著，《中庸》第廿三章又說：「其次致曲，曲能成誠，

誠則形，形則著，著則明，明則動，動則變，變則化，唯天下
至誠為能化。」所謂「致曲」是用力推擴局部的善，因為人有
偏蔽之患，所以要致曲，使不善成善，而能不偏不蔽，這是一
種明善的工夫。《中庸》第二十章說：「博學之，審問之，慎
思之，明辨之，篤行之，有弗學，學之弗能，弗措也，有弗問，
問之弗知，弗措也，有弗思，思之弗得，弗措也，有弗辨，辨
之弗明，弗措也，有弗行，行之弗篤，弗措也，人一能之，己
百之，人十能之，己千之，果能此道矣，雖愚必明，雖柔必強。」

　　學、問、思、辨、行，五者是「誠之」的方法，都是致曲，
明善的工夫能致曲則有誠，有了誠之後，必有形於外的表現，
使自己的心顯明于外，能夠通達天地，感動其他人物，使其他
人物之性，皆得盡之，這一個歷程要無限的努力，力求道德人
格與學問的完成，才能達到誠的境界，最後，《中庸》總結的
說：「唯天下之至誠，為能經綸天下之大經，立天下之大本，
知天地之化育，夫焉有所倚？肫肫其仁，淵淵其淵，浩浩其天，
苟不固聰明聖智達天德者，其孰能知之？」（第三十二章）。
《中庸》以為唯有至誠的人，能經綸五倫之事，立中之大本，
沒有私欲的偏曲，可以證知天地的化育，默契天道。此種至誠
無妄之人，誠懇篤實，渾然仁體，其內在的道德同于天德，如
淵泉之無盡，天地之寬大高明，他的生命悠久無疆。

　　以上我們簡述「誠」有天人合一之義，明白「誠」是天人
合一之道，然而誠又何以有內聖外王的意義？誠何以是內聖外
王之道呢？《中庸》第廿五章說：「誠者，自成也，而道自道
也，誠者，物之始終，不誠無物，是故君子，誠之為貴，誠者，
非自成己而已，所以成物也，成己，仁也，成物，知也，性之

德也，合內外之道也，故時措之宜也。」

　　《中庸》所謂「自成」，是自己成就自己的道德人格，即自己完成自己，此「仁者人也，親親爲大。」（《中庸》廿章），誠不僅能成己之仁，誠也可以成物，因爲誠是天道，天道生生，使萬物生長，「誠」也是人道，使事物和諧發展，人人安居樂業。成己是內，成物是外，成己成物表示誠道由內通達於外，合內外爲一貫，即成己所以成物，成物所以成己，因此，己與物，內與外合而爲一。

　　然而誠道如何由內達外，合內外之道呢？《中庸》提出實踐五倫到九經的過程以爲詳解，《中庸》第廿章說：「天下之達道五，所以行之者三，曰：君臣也，父子也，夫婦也，昆弟也，朋友之交也，五者，天下之達道也，知仁勇三者，天下之達德也，所以行之者一也。」又說：「凡爲天下國家有九經，曰：修身也，尊賢也，親親也，敬大臣也，體群臣也，子庶民也，來百工也，柔遠人也，懷諸侯也，修身則道立，尊賢則不惑……繼絕世，舉廢國，治亂持危，朝聘以時、厚往而薄來，所以懷諸侯也，凡爲天下國家有九經，所以行之者一也。」

　　《中庸》此章詳言力行五倫到九經的達道，就是由修身齊家而懷諸侯的內聖外王之道，修身是內聖之事，爲建立道德人格的階段，由修身到齊家是尊賢、親親于父子夫婦昆弟朋友之人倫之中，敬大臣，體群臣，子庶民，來百工，柔遠人，懷諸侯，則是治國平天下的外王事業，無論道德人格的建立或外王事業的開創，皆以「誠」爲本，以誠行之，所以說：誠爲內聖外王之道。

　　誠有內聖外王、天人合一兩大意義，可知，《中庸》以「誠」

建立君子的道德人格，已甚明矣乎！

第四節　孟子性善論與不忍人之心

　　孟子以繼承孔子為己任，終生立志發揚孔子之道，對堯舜推崇尊敬，自承道統，他說：「我亦欲正人心，息邪說，距詖行，放淫辭，以承三聖者。」（《孟子・滕文公下》），所以，我們可以說孟子的思想純是堯舜孔子之道，以性善為宗旨，性善論是孟子對中華文化的最大貢獻，也是建立道德人格的思想基礎，吾人談孟子的道德人格，須先了解他的性善論。

　　實則，性善就是心善，蓋「性」是心之所同而異於禽獸者，孟子說：「人之所以異於禽獸者，幾希，庶民去之，君子存之，舜明於庶物，察於人倫，由仁義行，非行仁義也。」（〈離婁下〉）孟子以為人的口味有相同的嗜好，對聲色之美也有相同的喜愛，至於人的心思所相同的是義、理兩方面，人心無不喜歡義理，聖人只是先得我心之所同然，他以義理之幾希，分別人禽，創立性善論，主張人性本有善端，孟子以乍見孺子將入井的人心反應，說明人性之善。

　　他說：「今人乍見孺子將入於井，皆有怵惕惻隱之心，非所以內交於孺子之父母也，非所以要譽於鄉黨朋友也，非惡其聲而然也。」（〈公孫丑上〉）從這個觀點來說，假若人沒有惻隱之心，沒有羞惡之心，沒有辭讓之心，沒有是非之心，這個人將淪為禽獸，孟子以為惻隱之心是仁之端，羞惡之心是義之端，辭讓之心是禮之端，是非之心是智之端，人有四端，猶

有四體，可知，人人皆有惻隱之心、羞惡之心、恭敬之心及是非之心。惻隱之心是仁，羞惡之心是義，恭敬之心是禮，是非之心是智，所以，仁義禮智，是每一個人所固有的，只要自我要求，即可得之。

孟子以「乍見」二字強調任何人皆有不忍人的心，這種不忍人之心就是愛心，即未曾受到本能欲望的趨使，不待外求，當下表現愛人的行動，這種愛人之心是人人所不學而能，不慮而知的，小孩子都知道愛自己的親人，到了長大以後，知道要尊敬他們的兄長，所以，一個有道德修養的人，能夠以其所愛及其所不愛，以其所不忍，達之於其所忍，這些推恩愛人的義舉，總不外乎擴充四端的結果，苟能擴而充之，時常與人為善，就可以保四海，苟不推恩，還不足以保妻子、事父母呢！總之，人有不忍人的惻隱之心，就可以實踐愛人之事，而道德人格也由此建立。

然而，人雖有不忍人的惻隱之心，卻容易為物欲所蒙蔽，所以，孟子進而主張存心養性，他說：「存其心，養其性，所以事天也。」（〈盡心上〉）存心為保存心的本體，心的本體是善，心的本體就是性，存心就是保存人性，保存人性的善端，再培養這些善端去發揚，培養善端稱為「養性」，只要日日操而存之，捨去多欲，節制私欲，以心思之官約束感覺的官能，自然能夠漸至寡欲的境界，誠如孟子所說：「養心莫善於寡欲，其為人也寡欲，雖有不存焉者寡矣，其為人也多欲，雖有存焉者寡矣。」（〈盡心下〉）

除了存心寡欲之外，孟子更建立了盡心和養氣的人格精神境界，他說：「盡其心者，知其性也，知其性則知天矣。」（〈盡

心上〉）盡心是盡量發展自己本心的善端，使仁義禮智發揚，成爲完美的道德。在此，孟子所謂「盡心」和《中庸》所說「盡性」兩者的意義相近似，盡心則知性，知性則盡性，能盡性的人便成爲聖人，聖人不僅認清自己的本性，也認識萬物的天性，因此，在精神生活上和天地萬物相感通，可以參贊天地的化育。孟子爲了達到這種最高的境界，進一步做養氣的工夫，〈公孫丑上〉云：「敢問夫子惡乎長？曰：我知言，我善養吾浩然之氣。敢問何爲浩然之氣？曰：難言也，其爲氣也，至大至剛，以直養而無害，則塞於天地之間，其爲氣也，配義與道，無是餒也，是集義所生者，非義襲而取之也。」儒家所謂「氣」的意義，指的是人和萬物的生命元素，尤其人秉受天地最靈秀之氣，這種氣排除外界的誘惑，使自己的心清明空靈，而可以守正道，剛毅不阿，發揚人心的善端，人就能夠和天地萬物相互感通，相互往來，貫通不滯，自己的氣乃能塞於天地之間，臻至浩然之氣的境界。

　　孟子存養的浩然之氣，和《中庸》至誠的境界相近似，孟子說：「萬物皆備於我，反身而誠，樂莫大焉，強恕而行，求仁莫近焉。」（〈盡心上〉）這是集推己及人、民胞物與、天人合一之大丈夫的氣象，大丈夫位居富貴不能淫蕩其心，處於貧賤不能移變其節，威武脅迫不能屈服其志，大夫夫惟義是從，不動心更不失赤子之心，這正是孟子所彰顯出的人格典範，孟子的道德人格誠然偉大。

第五節　荀子的禮義教化

　　荀子論性惡，《荀子・性惡》開宗明義曰：「人之性惡，其善者偽也。」何以人性是惡？蓋吾人生而有好名求利，喜愛聲色，嫉恨嫌惡等欲情，若是縱性順情而無所教化導正，終必歸於爭奪暴亂，而成為小人。所以，必須以禮法教導之，學習詩書六藝，並遵行禮義之道，成為君子。此處宜先分辨性、偽之分，〈性惡〉曰：「不可學，不可事之在天者，謂之性；可學而能，可事而成之在人者，謂之偽。」由是觀之，「偽」是人為後天努力學習而有成者。

　　因此，荀子有〈勸學〉篇，勸學即勉人努力學問，論學的目的在成君子，為聖人，方法在誦經讀禮，〈勸學〉曰：「學惡乎始？惡乎終？曰：其數，則始乎誦經，終乎讀禮。其義則始乎為士，終乎為聖人。」吾人講求學問，論究為學的方法，以諷誦經文為始事，以精研禮法為終事，而為學的目的及其意義，以當一志道之士為始，以進於聖人為終事，其工夫全在真誠積久而不懈，誠能積累功力，久而不息，則可以入德矣。依前言，吾人得知荀子之學以禮為依歸，「禮者，法之大分，類之綱紀也，故學至乎禮而止矣。」（〈勸學〉）禮是修己治人至極儀法，處事應變，觸類比附之綱紀，所以，學以止乎禮為最終鵠的，此乃道德的極致，故荀子云：「禮者，人道之極也。」（〈禮論〉）。

　　荀子禮與義相連說，所謂「禮義文理之所以養情也。」（〈禮

論〉）荀子爲了化人之性惡，乃提倡禮義，引導人情向善，因此，禮和義相提而不可分，禮是義的文理，義是禮的本質，君子之道，禮義之文而已。禮義是政治與教育的根本，有德者之所以成其爲君子，是因爲力行禮義，好禮義而不違，天下纔能不亂，禮義的作用在於使人能合群，有分際，〈王制〉云：「人何以能群？曰：分。分何以能行？曰：義。」

　　吾人不但有群體生活，可以組成社會團體，且要有親疏上下之等分與尊卑貴賤之分辨，纔能預防爭亂。所以，荀子曰：「義者，內節於人，而外節於萬物者也。」〈彊國〉又曰：「夫義者，所以限禁人之爲惡與姦者也。」荀子所謂義，意謂按照每一個人的名份所應爲之事，不能爭亂，不爲姦惡者，使人人養生送死有其節文，生活自然安樂無憂，「所以養生安樂者，莫大乎禮義。」（〈彊國〉）可知，荀子以禮義涵養道德人格，使人成爲君子、聖人。

第六節　《孝經》論孝

　　孝爲中華文化的特質之一，亦是儒家倫理道德的中心點，俗話說：百善孝爲先，孝成爲百行之本，萬善之先，儒家先王之道，莫大於孝，孔孟之教，莫先於孝。《孝經》開宗明義說：「夫孝，德之本也，教之所由生也。」原來，孝是天經地義的事，孝道是所有德行的根本，同時也是一切教化產生的源頭，其實，人子敬愛父母的孝心，是發源於嬰兒依靠父母膝下的時候，等到子女長大了，有能力奉養父母的時候，一天比一天知

道尊敬父母的道理，因爲父母慈愛子女，子女孝順父母，是天生自然的本性，所以說，人的行爲，沒有比孝道更基本，而孝道沒有比敬愛父母更爲重要。

一個人如何開始行孝？又如何完成孝道呢？《孝經》第一章認爲人的身體、毛髮、皮膚，都是從父母得來，所以，當子女的，要善加保護自己，不敢損毀傷害自身，這是孝道的開始，在社會上，要有所建樹，不依靠別人，把名譽聲望顯揚於後世，使父母榮耀，這是孝道的最高點。原來，孝道在幼年時候，從孝順父母開始做起，到了中年的時候，移孝作忠，爲社會國家服務，到了年老的時候，安身立命，頂天立地，揚名於後世，這個過程，就是孝道的實踐和完成。

《孝經》以爲自天子到平民，每一個人都有應行的孝道。天子的孝是什麼呢？孔子說：能夠親愛父母的天子，不敢厭惡別人的父母，能夠尊敬父母的天子，不敢輕侮別人的父母，親愛和尊敬的最高點，就是事奉父母，然後，德行和教化能夠推恩到人民的身上，同時也可以垂範於全國，這是天子的孝道。

其次，做諸侯的人，態度不要驕傲，那麼他的地位雖然高貴，也沒有危險。生活要節約，謹守法度，如此，雖然賦稅充裕，也不浪費。地位高貴而不危險，是常守尊貴的原因，賦稅多而不浪費，是常守財富的原因，諸侯集尊貴和財富於一身，然後，才能夠維持國家的安全穩固，跟人民和樂相處，這是諸侯的孝道。

卿、大夫的服裝、言行，都必須合乎禮法，不是先王所制定的衣服不敢穿，不是先王所說的言語不敢講，不是先王所實踐的德行不敢做，因此，不合禮法的言語不敢說，不合禮法的

行爲不敢做。出口都是善言，一舉一動都是善行，所說的話，雖然傳遍天下，也沒有什麼錯誤，一言一行，傳遍天下，也不會遭到怨恨。衣服、言語、行爲這三件事都完全做到合乎禮法，才能保全奉祀祖先，這是卿、大夫的孝道。

以事奉父親的心，去事奉母親，愛心是相同的。以事奉父親的心，去事奉國君，誠敬的心也是相同的。事奉母親的孝是愛心，事奉國君的孝是敬心，若以事奉父親而言，兼有愛心和敬心。所以，以孝道來事奉國君，就是忠誠，以敬心來事奉上司長官，就是順從，忠誠和順從都做到了，就能保持俸祿和職位，保守祖先的祭祀，這是士的孝道。

善加利用自然的季節，做好春生、夏長、秋收、多藏的工作，妥善開發山林、川澤、丘陵、平原，地盡其利，做事小心，不要粗心魯莽，勤勞節儉，奉養父母，這是一般人民的孝道。因此，上自天子，下至一般人民，孝道是無始無終，沒有窮盡，永恆存在的大道，誰想要盡孝道，誰都做得到。

顧名思義，孝是孝順父母，就是事親，如何事親？一般而言，能奉養父母是孝的起點，其次是「弗辱」，不遭受恥辱、不使父母羞愧，最高的孝是尊親，尊親不僅是尊敬自己的父母，自己也要立身行道，揚名於後世，使自己的父母能受人尊敬，無論是事親、愛親、敬親、尊親，都是一切道德的發源，因爲，不愛自己的父母，而愛他人的父母，叫做違背道德，不尊敬自己的父母，而去尊敬別人父母，叫做違背禮法，因此，以孝教民，使人民親愛精誠，孝敬自己的父母，也尊敬他人的父母，全國人民都盡孝道，天下祥和平治，這就是以孝治國的道理。

孔子在《孝經・紀孝行章》說：子女事奉父母，應該做到

致敬、致樂、致憂、致哀、致嚴五件事，並且戒除驕、亂、爭三件事。日常居家的時候，要以恭敬的心，去款待父母，奉養的時候，要以和顏悅色態度去服事，生病的時候，要以憂傷的心情去照料，父母逝世，要以哀痛的心料理後事，祭祀的時候，要以嚴肅的態度恭祭，做到了這五件事，才算事親，事親的人，居上位，不要驕傲自負，居下位，不要為非作亂，在群眾之中，不要爭吵。因為居上位的人，若是驕傲自大，民心會不服，將有生命的危險，在下位的人，若是為非作歹，要受刑罰，在群眾之中，若是爭吵不休，免不了雙方動武，互相殘殺，這三件事不戒除，隨時都會殃及父母，雖然每天大魚大肉去奉養，也不算孝順呀！

　　當子女的，一味順從父母的命令，是不是就可以盡孝呢？孔子認為從前天子的身旁，有忠言直勸的諍臣七人，因此，天子即使偶而不守王道，也不會失去天下，諸侯有忠言直勸的諍臣五人，諸侯即使偶而不守君道，也不會失去他的國家，大夫有忠言直勸的諍臣三人，即使大夫偶而不守臣道，也不會失去他的鄉邑，知識份子或做官的人，也有忠言直勸的朋友，他就不會失去聲望美名。同樣的道理，父母有忠言直勸的子女，父母就不會做出不義的事，當父母要做不義事情的時候，子女不可以不用直言勸阻，當君王要做不義事情的時候，做臣屬的，也要直言勸阻，一味服從父母的命令，不能算是孝順。

　　孝道不僅止於父母健在時表現尊敬奉養，如果父母過世，悲傷之餘，必須及時準備棺木，舉行殮禮，入土為安，並且興建宗廟，招迎祖先來享受祭禮，一年舉行春、秋二祭，懷念先人德澤。

　　總之，孝是道德的本源，它有四點意義：（1）親親：孝是有差等的愛，愛敬自己的父母，擴充愛他人的父母，這是由親及疏，由近到遠的推恩。（2）返本：我們的生命由父母而來，孝敬父母，是敬愛生命的來源。（3）感恩：父母生育、教導我們，不辭辛勞，我們感念父母恩澤，應該孝敬父母。（4）敬長：孝弟不分，孝弟就是敬長，尊敬父老兄長。可知，《孝經》以孝道教化人心，涵養道德人格。

　　如果孝道的四點意義，能夠在當今自由社會裏，落實在日常生活中，家庭時時有孝心，社會處處有溫情，一切紛爭當可減少，降低人與人之間的敵意，理想社會，指日可待。

第七節　宋明理學家致知涵養之道

　　宋明二代是儒學的復興時期，理學為其代表，理學家行教化，作道德實踐，要人去人欲存天理，使精神內斂，明理清心，教人觀聖賢氣象，確信聖賢人人可學，以致知、涵養兩種工夫並進，建立道德人格，以下將簡述 6 家大要，簡明其思想與功夫。

一、周敦頤以「誠」為學之本

　　濂溪的學問，沒有師承，只是歷史運會所至，文化生命發展的結果，自然與聖賢相應，成為宋明儒學的開山，生平著有《太極圖說》，詳論天理之源，窮究萬物的始終，又著《通書》，

闡明太極之蘊，天人思想。《通書》又稱《易通》，是濂溪傳道之書，從《太極圖說》和《通書》兩書的宗旨看來，濂溪雖然遊於方外，但由道入儒，儒道融爲一體，重在道德與事功的實踐，以誠爲學之本，「誠」是五常之本，百行之源，換言之，「誠」是道德的本體，由「誠」而建立道德人格。濂溪從寂然不動處把握誠的根本，所以他強調「主靜立人極」，本立而道生，千變萬化皆從此而生矣！

今詮釋《通書》節要如下：

（一）誠上第一

誠者，聖人之本，大哉乾元，萬物資始，誠之源也。乾道變化，各正性命，誠斯立焉，純粹至善者也，故曰：一陰一陽之謂道，繼之者善也，成之者性也，元亨，誠之通，利貞，誠之復，大哉易也，性命之源乎。

《通書》第一章以《中庸》的「誠」解釋《易傳》，「誠者，聖人之本」，是直接自《中庸》「惟天下之至誠，爲能盡其性」而說，「誠」乃專精純一、真實無妄者，爲人性的本然，是人人原有的真生命，更爲宇宙創造的真幾。

（二）《通書》第二十

「聖可學乎？曰：可。曰：有要乎？曰：有，請聞曰：一爲要，一者無欲也。」，「無欲則靜虛動直，靜處則明，明則通，動直則公，公則溥，明通公溥，庶矣乎。」

《通書》第二十章言無欲。「無欲」是濂溪道德的修養功夫。人之所以能無欲者，誠而已矣，亦公是也，乃沒有己私利

害參雜其間，無欲能靜虛，靜虛則動直，動直合宜，不假私欲，則能明通公溥，此四者皆重在明通主靜之意，皆誠體之瑩徹通達與真實朗現。如何建立道德人格，臻至聖人的境界呢？主要在於自己實踐學聖的工夫，以心為主宰，自覺地體現誠體。

以上簡論《通書》二章內容，綜觀其思想，可知濂溪對誠之寂感真幾，有深切的體悟，他以誠貫通性命與天道，直承儒家之緒而不誤，黃勉齋曰：「周子以誠為本，以欲為戒，此周子繼孔孟不傳之緒也。」（〈濂溪學案〉）。

二、張載〈西銘〉論道德人格

子厚為人剛毅，少年喜兵，出入佛老，自見二程子後，心歸儒學，毅然以聖學為己任，曾說：「為天地立心，為生民立命，為往聖繼絕學，為萬世開太平。」這四句話是橫渠體貼儒學，而提出的偉大抱負。另著有〈西銘〉一文，更深言道德人格之踐履規模，〈西銘〉首先說明人與萬物都稟受天地而生，乾坤天地相當於人和萬物的大父母，人與萬物既同一父母，所以人與萬物渾然為一體，個人雖渺小，卻與萬物息息相關。

因此，人人都是同胞，而花草萬物也是天地所化生，要畜養愛護它們，待之如同類。年長高壽者，有若吾兄，故當尊敬，孤兒幼子，有如我弟，必須慈愛，凡是天下病老殘廢、孤寡無依者，都須視如我們的親人，照顧他們。有道德品格的人，待人要誠，處事要忠，不憂不懼，樂天知命，盡人本分，承繼父母的遺志與事業，修養德性，建立道德人格，恪保上天所賦予的善性，體認天道，自然就能夠窮神知化，瞭解宇宙的化生，

到了這個境界，心胸光明磊落，仰不愧，俯不怍，不辱父母，存養仁心，長育善性，盡性踐仁，純是孝子仁人的德行。

此種道德人格的模範有如：堯、舜、穎考叔（穎考叔是春秋時期鄭國穎邑大夫。西元前 722 年，鄭莊公殺死弟弟共叔段，對母親武姜發誓，不到「黃泉」不相見，意為生前不相見。在穎谷封人穎考叔的建議下，讓國君挖出有泉水的地道，母子相見，鄭莊公和武姜便在「黃泉」相見，後人稱讚穎考叔是有孝心的人，不僅孝順父母，更把孝心推恩，讓鄭莊公沒有成為不孝的人。）、恭世子（申生是春秋時代人物，姬姓，晉獻公嫡長子，齊姜所生，本是晉國太子，晉獻公得驪姬，生下一子，取名奚齊，後母驪姬與優施通姦，合謀陷害他，申生不願作亂，自殺而死。諡號「恭太子」、「恭世子」。）、曾子、伯奇、周公等，所以，富貴福澤是上天令吾人成就德業，闡揚文化，貧賤憂戚，窮困卑微，是上天要人堅苦心志，動心忍性，欲使吾人有所成就，因此，生則順天道以行人道，歿則從容不迫，心安理得，生死無所憾。〈西銘〉以孝子喻仁人，要學者上承天心之仁愛，涵養一體之痛癢，建立完美的道德人格，則可以與天地萬物為一體。

三、程顥〈識仁篇〉誠敬之道

程明道的思想以識仁為主，〈識仁篇〉曰：「學者須先識仁，仁者渾然與物同體，義禮智信皆仁也，識得此理，以誠敬存之而已，不須防檢，不須窮索。」（《宋元學案‧明道學案》），明道著〈識仁篇〉，首要學者識仁，不以防檢窮索為學，防檢

窮索是志學行仁而未能圓融明澈者所不可免的下學工夫，明道指點與叔須先默識純亦不已的道德本體，把握倫理實踐的正確方向，再以誠敬存養之，誠敬是存心養性，涵養道德人格的方法，所謂「敬以直內，義以方外」是克去己私、體物無遺的功夫，敬爲不偏不倚、心得其正，就是《大學》所謂正心，即《中庸》的誠，學者只須敬守此心，以敬執事，由誠敬而行，不宜急迫，當涵養深厚，然後可以自得，心中便有個仁，則心不偏私，外物不足以引誘，心乃不動，而舊習滌盡。

不過，人多爲私心所蔽，固執小我，遂與世界分隔，吾人識仁與修養的目的，就在消除物我之限，返歸於萬物一體的境界，此一心境爲「自得之樂」的境界，明道以「自得之樂」爲人生最高境界，學至於樂則成矣，他的一首七律詩最足以表現這種偉大的胸襟；「閒來無時不從容，睡覺東窗日已紅，萬物靜觀皆自得，四時佳興與人同，道通天地有形外，思入風雲變態中，富貴不淫貧賤樂，男兒到此是豪雄。」

四、程頤的實踐道德論

伊川生性嚴肅，努力實踐聖人之道，教人嚴格修養，注重力行，爲建立道德人格，程頤指出三種步驟：（一）爲致知（二）爲持敬（三）爲養氣。伊川說：「進學則在致知」（〈伊川學案〉）致知在格物，格物是就每一件事上研究適當的道理，求知該事物之理，便是格物。

格者，窮也，物者，理也，格物者，窮其理也，須窮其理，而後才能致知，然窮理也有各種方法，或是讀書，講明義理，

或是談論古今人物，判別其是非成敗，或是應對進退，處其當然，都是窮理致知的工夫，這些工夫不能間斷，須是今日格一件，明天再格一件，日積月累，默識深思，自然有融會貫通處，而能自得之，但是並非要盡窮天下之物，而是在一事上窮盡，其他可以類推，蓋萬物皆是一理，如果一事窮理不得，且別格第二事。

　　能致知，再持敬，伊川說：「涵養須用敬」，敬的精神是莊端嚴肅，主一不亂，整齊虛靜，更是慎獨不欺，不敢傲慢，不愧屋漏，篤信謹守，敬而無失，集義有成，能持敬集義，內外必得安定，養心就是把持心的安定，遇事不動心，養心也稱為養氣，為培養浩然之氣，先要有志，以志率氣，所以伊川說：「率氣者在志，養志者在直內。」（〈伊川語錄〉），而修養的工夫全在於寡欲、定志、專心、主一，使心存誠敬，自然能夠節制情欲，合乎中道。

五、朱熹的道德實踐精神

　　朱子集周、邵、張、程等儒學家的大成，思想體系博大精微，為南宋一代大儒，世稱「閩學」或「程朱學派」。朱子學說的基本根源是理氣二元論，所謂「理」，指的是無形跡的形上實體，無論人與物皆有其所以然之理，雖未有物，而已有物之理，因此可知，理在物先，未有這物，先有這理，理是物的形式，因為有許多理，所以有許多物；至於「氣」意指生物的材料，朱子說：

　　　天地之間，有理有氣，理也者，形而上之道也，生物之

本也；氣也者，形而下之器也，生物之具也。是以人物之生，必稟此理，然後有性，必稟此氣，然後有形。（〈答黃道夫〉）

然而，理氣雖分，卻是一體渾成，理未嘗離乎氣，有理即有氣，氣能生物，理卻不會造作，只須氣的凝聚生物，此理即有安頓處，天地人物的生成，就是理與氣的合一，理與氣合一而成個體之人，這個人的性便是理，所以說「性即理」。又朱子以爲性是心之理，仁義禮智也，至於惻隱、羞惡、辭讓皆是情，情乃心之動，朱子說：「仁是性，惻隱是情，須從心上發出來，心統性情者。」（《語類卷五》）。

朱子以理氣二元論爲基礎，對於道德人格的涵養，兼採各家所長，主張格物致知、克己持敬。易言之，窮理居敬就是朱子修身治學的兩大工夫，茲簡述如下：

（一）格物致知（窮理工夫）

格物致知是就每一件事物去研究，從已知之理去推知未知之理，以窮知每一件事物的全理，朱子以爲窮理要推到十分，窮理得來無去處，若只格得九分通透，最不可以，這種工夫要逐一做去，精粗大小都要格它，用力日久，積習既多，自然通達，朱子注解《大學》有云：

所謂致知在格物者，言欲致吾之知，在即物而窮其理也。蓋人心之靈，莫不有知，而天下之物，莫不有理，惟於理有未窮，故其知有不盡也，是以《大學》始教，必使學者即凡天下之物，莫不因其已知之理而益窮之，以求至乎其極，至於用力之久，而一旦豁然貫通焉，則眾物

> 之表裡精粗無不到，而吾心之全體大用無不明矣，此謂
> 物格，此謂知之至也。（《大學》章句）

這種格物工夫，須窮盡事物之理，苟能窮極事物之理到盡處，就有一個是，一個非，是者行之，非的便不行，自然體驗出一個是非，確定道德人格的標準。

（二）持敬克己

由格物致知而體驗出的這個是非，必須時時反省，謹畏專一，行是去非，不斷做居敬工夫，方能有成。所謂「敬」，並非閉目靜坐，而是首先要收放心，把心收拾起來，使心常惺惺，收拾自家精神，隨時不敢放縱，遇事有所謹畏，一事做未了，不要做別事，專一在此者。這種持敬，須是敬以直內，克己去惡，嚴辨義利，存天理，去人欲，使內心沒有不直處，表裡如一。

易言之，有了直內之敬，容貌態度當然整齊嚴肅，守禮恭敬，篤厚誠實。從以上兩點說明，我們可以看出，朱子講學修身和道德實踐的工夫，第一在於居敬主一，克己復禮，把心收拾起來，然後格物窮理以致知。他最主張力行實踐，誠如朱子所說：

> 某此間講說時少，踐履時多，事事都用你自去理會，自
> 去體察，自去涵養，書用你自去讀，道理用你自去究索。
> 某只是做得箇引路底人，做得箇證明底人，有疑難處同
> 商量而已。（《朱子語類卷十三學七》

這一種實踐思想，代表儒家哲學的精思力踐。

六、王陽明一體之仁的本心惻隱

王陽明的學說，依其學統，稱為「心學」，學者尊之謂「王學」，王學是融貫陽明的道德人格與學問事功之偉大思想體系，要人實際去用功，工夫全在於實踐力行，總持其學說大綱有三：（一）心即理，（二）致良知，（三）知行合一。「心即理」是王學的本體論，陽明以為天下沒有心外之物，沒有心外之理，所以心與理為一。致良知是精思力踐的真諦，陽明說：「致良知是學問大頭腦，是聖人教人第一義。」（《傳習錄中》），

然而，所謂「良知」者，乃心之本體，見了父兄，自然知孝弟，見孺子將入井，自然知惻隱，這就是良知，這一點良知是自我意識的準則，本來就知道是非善惡，不要自欺，不用隱瞞，實實在在依看良知去做，自然可以為善去惡，王陽明說：

> 知其為善，致其知為善之知，則必為之，則知至矣；知其為不善，致其知為不善之知，而必不為之，則知至矣，知猶水也，決而行之，無不就下者，決而行之者，致知之謂也。（〈姚江學案〉）

關於知行問題，陽明主張知行合一，知行工夫，本不可分離，知是行的主意，行是知的工夫，知是行的開始，行是知的完成，所以說：「知之真切篤實處即是行，行之明覺精察處即是知。」（《傳習錄中》）。吾人必須知道，「心即理」、「致良知」、「知行合一」三者不可分，是一以貫之的整體之道，學者即知即行，自可去人欲存天理，成就道德人格，終以天地萬物為一體，王陽明的〈大學問〉就是倡明「以天地為一體之

仁」爲宗旨，蓋仁爲吾心本體，原以天地萬物爲一，只因物欲蒙蔽，所以要明明德，克去物欲之蔽，恢復以天地萬物爲一體之仁，全其本體之明，苟能明其本體之仁，當可親親仁民而愛物，這就是親民，即所以明其明德，所以說：大人之學以吾心本體的仁德，視天下猶一家，中國猶一人，終以天地萬物爲一體，臻至道德人格的最高境界，此爲〈大學問〉的宗旨。

〈大學問〉是王陽明一生的定論，師門的教典，初學者，先授此意，以明白本心之知，致知之功，教人著實躬行，事上磨練，不可作文字之習，一場話說，陽明曰：

> 大人之能以天地萬物爲一體也，非意之也，其心之仁本
> 若是；故夫爲大人之學者，亦惟去其私欲之蔽，以自明
> 其明德，復其天地萬物一體之本然而已耳；明明德者，
> 立其天地萬物一體之體也，親民者，達其天地萬物一體
> 之用也。（〈大學問〉）

因此可知，天下之人，苟能節欲抑私，克其私，去其蔽，使仁心作主，以復同然之仁體，自有天地萬物一體之樂，這種真樂雖常人亦有之，只是不自知而已，對於這種悅樂精神，依照陽明的看法，他說：

> 樂是心之本體，雖不同於七情之樂，而亦不外於七情之
> 樂，雖聖賢別有真樂，而亦常人之所同有，但常人有之
> 而不自知，反求許多憂苦，自加迷棄，雖在憂苦迷棄之
> 中，而此樂又未嘗不存，但一念開明，反身而誠，則即
> 此而在矣。（〈傳習錄中〉）。

總之，陽明的〈大學問〉，直令吾人當下反諸內在本寂而惻然相感之仁，而天地萬物一體之實，昭然彰顯，其要以致良

知為工夫，不能致良知，道德人格不能建立，不能致良知，知行無法合一，不能致良知，則知非真知，行非真行，必有真知，方有真行，真知真行，即工夫即本體，此謂之「陽明的力行哲學」。

七、劉宗周改過成聖之學

劉宗周，字起東，號念臺、蕺山，浙江山陰（今浙江紹興）人，生於明神宗萬曆六年（1578），卒於明福王弘光元年（清順治二年，1645），享年 68 歲。宗周是遺腹子，為想念父親秦臺公，別號念臺，又曾遷居講學於蕺山，又號蕺山，另有其他別號，如秦望、望中山人，還山主人，讀易小子，晚年更號克念子，勉勵自己志於治念工夫。

綜觀宗周的核心思想是慎獨誠意之學，其工夫是訟過、改過，具體實踐方法俱在《人譜》（原名《證人小譜》）。《人譜》是他精思力踐儒學的生命學問，三易其稿，一再修訂，直到臨終前一個月止，可謂晚年定論。《人譜》專為改過而作，宗周強調改過遷善的重要性，在《論語學案》中，也認為改過遷善是為學之道的喫緊工夫，他說：

> 問：「諸子問為仁，聖人一一有條答，聖人為仁如何？」
> 曰：「聖人於諸子法都用得著，更有喫緊工夫，視諸子反下，曰：遷善改過。」（《劉宗周全集》第一冊，頁438。）

孔門諸弟子問為仁之方，孔子因材施教，各有不同的答覆，宗周認為「改過遷善」可以作為孔子及弟子的為仁之道，

爲仁即爲學，爲學的急切工夫，就是改過遷善，他說：

> 至於學之進地，全係遷善改過做功夫。倘用心稍有不實，
> 未免姑且因循過去，故友曰毋友，過曰勿憚，皆此忠信
> 之心為之，而厚重不待言矣。（《劉宗周全集》第一冊，
> 頁 315）

精進學問的工夫，全在改過遷善，人難免有過，要勇於改過，不可因循苟且，得過且過。如果用心稍有不確實，不徹底改過，不斷犯過，終將成爲大過矣。爲什麼凡人總是因循苟且，得過且過？孔子認爲因爲不能「內自訟」，不能自覺自己的過失，內心自我咎責。因此，一般人認爲知道自己過錯不難，自我咎責過錯比較困難，宗周卻有不同的看法，他說：

> 昔人云：「見過非難，訟過為難。」予謂反是……今人
> 有過，多是含糊過去，昏昏藏藏躲尾，不肯自見，所以
> 終無改圖。掩目捕鼠，掩耳盜鈴，只塗得自己耳目，而
> 人已昭乎揭日月，而行亦何益之有？……小人之過未嘗
> 不可見，而實無自見之心……見過者，有過即知，一些
> 子便看作天來大，若與天下共見。然既見後，勢不得不
> 改，第恐改圖不力，故又須內自訟，試問此過從何造端？
> 從何成就？從何結果？一一打勘，直窮到底……如此一
> 番兩番，真能脫胎換骨，一日千里。（《劉宗周全集》
> 第一冊，頁 389-390）

宗周認爲常人的過失，自己只知道一分，別人知道九分；相反地，聖人的過失，自己知道九分，別人知道一分。因此，常人有過，總以爲自己無過，即使知道自己有過，也是文過飾非，一味地躲藏遮掩，含混狡辯，不肯坦然面對自己的過錯，

終究不能改過。不能改過的原因，是沒有改過的決心，也沒有面對自己過錯的勇氣，這是自欺欺人的行為，猶如掩耳盜鈴，掩目捕雀，殊不知大家已知其過。

君子則不然，君子之過，出於無心，也不會文過飾非，坦然面對，猶如日蝕月蝕一般，昭然可見，亦昭然自見。君子能看到自己的過失，自覺己過，勇於面對己過，更能決心改過，即知即改，沒有間斷。又能自我咎責，窮究到底，自責自省，深切反省過錯從何而來？如何發生？一一悔改，沒有絲毫的苟安、姑息、等待、怠慢，宗周說：

> 「過也，人皆見之」，便是改過下手處，非既見後方更也。皆仰則復其初矣，日月之還明有待，而君子之改過無待，纔待則不成改矣。即過、即見、即改，一時事。其有取於日月之食者，只言其有過必改之情同耳。（《劉宗周全集》第一冊，頁 638）

宗周強調君子改過，沒有條件，沒有妥協，沒有等待，沒有怠慢。有過，即知；即知，即改，這是同時完成的克治工夫，稍有延遲，就無法改過了，因此，在時間上，有相當的急迫性。值得注意的是，宗周認為《論語·述而》子曰：「三人行，必有我師焉。擇其善者而從之，其不善者而改之。」就是勉人改過遷善，他說：

> 此亦言遷善改過之學，當隨在而自勵也。學苟自勵，即三人同行，儼然師保之詔矣。從善、改不善，就啟而執翼之乎？君子曰：亦必求諸在我而已矣。（《劉宗周全集》第一冊，頁 429）

三人同行，其他兩人都可以成為我改過遷善的對象。別人

的善看作我的善，是我學習效法的老師；別人的不善也看作我的不善，是否自己也有不善？有則改之，無則自我勉勵、警惕，因此，兩人都是我的老師。易言之，人人都是我的老師，隨時隨地，改過遷善，這種自律的道德實踐，何等急切而嚴厲！

宗周爲何有如此急迫而嚴格的道德要求？主要有兩個原因，一個原因是他深切體認人有無數的「念」，念有善惡，念有昏明，念有真妄，念有起滅。念是經驗世界的意識活動，旋起旋滅，有善念有惡念，有真誠之念、有不誠之妄念，這是宗周的幽暗意識。妄是不善之動（《通書》第 32 章〈家人暌復無妄〉），無妄是復其天命之性。），現實生活的動念，往往「動而遠乎天」，不合道德的天理，違背倫常的道德法則，追求氣質物欲。因此，宗周主張「化念歸心」、「化念歸思」、「化思歸虛」，強調「學所以治念」。另一個原因是宗周認爲改過遷善是成德之學，小人也能成德，更何況沒有現成的聖人，聖人只是改過遷善的聖境，改過就是遷善，去惡就是爲善。易言之，改過是成德、成聖的終極工夫，此一工夫在《人譜》中完成。

宗周身處國難危急，生死存亡之秋，又面臨異說流行、儒學不彰之際，力作《人譜》，以正人心，倡明儒學，這是宗周精思力踐，深切內在體證的生命學問，也是儒家成德作聖的道德實踐，非一般的勸善書。一般的勸善書只是世俗民間的功利信仰，例如雲谷《功過格》說：「救免一人死」有百功。但是，儒家認爲人有惻隱之心，當下救助，不會見死不救，孟子以「孺子入井」明之。如果爲了百功而救一人，或救一人而自認爲有百功，是有意爲善，也是過。易言之，惻隱救人是應該的行爲，何功之有？

　　《人譜》的思想體系，融會貫通孔子、孟子、《易傳》、《大學》、《中庸》、周敦頤、程明道、朱子、王陽明及其他宋明儒學，又有宗周極深切的憂患意識及幽暗意識之體認，此一憂患意識源自孔子、孟子及《易傳》。孔子說：「德之不修，學之不講，聞義不能徙，不善不能改，是吾憂也。」（《論語·述而》）孔子所憂慮的問題，不是財富、官位、俸祿的有無或多少，而是不修養道德，不講習學問，不能遷善改過。

　　孟子說：「君子有終身之憂，無一朝之患也。」（《孟子·離婁下》）君子的終身憂患是：虞舜是聖王，為天下人的人格典範，德澤流傳於後世，而我只是個凡夫，惟有立志學作虞舜，成德成聖。

　　《周易·繫辭下傳第七章》說：「作易者，有其憂患乎？」（〈繫辭下傳〉）認為《周易》的作者們，應該經歷很多憂患，從困頓中體認道德的重要性。因此，履卦教人行禮，謙卦教人謙虛，復卦教人修身，恆卦教人持守正道，損卦教人懲戒忿怒、節制慾望，益卦教人改過遷善，困卦教人困頓不亂，井卦教人德澤百姓，巽卦教人剛柔兼顧，因時因地而制宜。

　　儒家的憂患意識，也蘊含極深切的幽暗意識，宗周說：「人生而有身，即有物欲之累。」（〈證人會約〉），此說近似《禮記·禮運》所謂：「飲食男女，人之大欲存焉。」他深切體認過由妄生（近似王畿說：「過是妄生，本無安頓處。」《明儒學案卷十二·論學書》），私欲之蔽，習染之害。因此，有通身都是罪過的罪惡感，這是何等深切的幽暗意識。即使經歷各種修養工夫，通身仍是罪過，蓋靈明本心自覺己過，自覺仍有諸多過失有待改正，且尚未成聖。因此，一生力踐改過遷善、

主敬（修己以敬，修身以禮）、慎獨、誠意、靜坐、知幾、慎動、小心窮理、克己、自省、內自訟、存天理遏人欲、勤學去蔽、克治妄念、化念歸心、化念歸思、化思歸虛、證人盡性等修養工夫。

綜上所知，《人譜》是宋明儒家改過之學的最高成就，改過即遷善，亦即成聖之道。宗周朗現聖人氣象，最終以生命證成人極，道德人格臻於至善。

附錄三：亞里斯多德與子思之中庸道德哲學的比較研究

一、導　論

（一）研究動機

　　現今科技昌明，交通便捷，人類各民族的傳統文化不可能再封閉自守，各種思想勢必相互衝擊，彼此融攝，比較哲學益顯見其重要性，尤其今日我們從事文化建設、文創產業，更須以比較研究的方法來會通中西思想，融貫古今，以充實民族文化的內涵，促使傳統與現代緊密結合。

（二）研究範圍與內容

　　本研究範圍以亞里斯多德《宜高邁倫理學》與《四書‧中庸》為主要範圍，旁及亞里斯多德形上學、儒家思想、比較道德哲學等問題。本文主要內容包括亞里斯多德中庸的五種意義，子思中庸思想的五點涵義，論述兩者對中庸道德哲學方法論的比較，中庸道德實踐工夫論及目的論的比較，以及中庸道德形上學的異同，最後歸結及詮釋中庸道德哲學的現代意義。

二、子思中庸道德的意義

宋儒程伊川認為不偏於道理的某一方面叫做中，恆久不改變的常道叫做庸，中是天下的正道，庸是天下的定理，《中庸》一書綜合中和庸二字的道德哲學有五點意義：時中義、位中義、中和義、內聖外王義、天人合一義。

（一）時中義

時是指時間，人生日常行事要考慮時間的因素，過與不及都不恰當，有的時候，聰明的人做過份了，而沒有才智的人又做不到，只有高尚道德人格的君子，他的作為不偏不倚，隨時合乎中庸的道理，相反的，小人無所忌憚，無所不為，當然不能隨時處中。

（二）位中義

位指空間，人際關係或職務地位等義，位中是指一個人所處的地位，他的言行和權責表裏一致，在上位，不驕傲，不侮下；在下位，不妄求攀附，不反叛作亂，安份守己，素位而行，無怨不尤。

（三）中和義

中庸以為喜怒哀樂的情緒還沒有發動的時候，心是寧靜、不偏不倚的，就叫做「中」，如果情感發動和情緒反應都能合乎禮節規度，沒有過與不及，就叫做「和」，中是天下萬事萬

物的大根本，和是天下共行的大道，我們如果能夠把中和的道理推廣極致，圓滿無缺，那麼，天地一切事物都各得其所，萬物生生不息了。

（四）內聖外王義

內聖外王是儒家修身治人的一貫之道，《中庸》認爲內聖外王的方法只是一個誠字，從內心真誠做起，齋戒明善，端正衣冠，不做不合禮節的事，就是修身，不聽信誣陷人的話，遠離美色，輕財物，重道德，這是勸勉賢人的方法。提升他的爵位，加重他的俸祿，好惡相同，這是親近親人的方法。部屬眾多，而且便於差使，這是勸勉大臣的方法。待之以真誠，養之以優祿，這是勸勉士眾的方法。要適時役使，輕課稅收，這是勸勉百姓的方法。經常訪查，給予相當報酬，這是勸勉工匠的方法。送往迎來，獎勵善行，矜恤才能低弱者，這是懷柔遠方人的方法。延續斷絕的世系，振興廢滅的國家，治平亂事，有危難時加以扶持，諸侯的朝聘之禮，有一定的時間，賞賜厚重，納貢微薄，這是安撫諸侯的方法，以上就是治理國家的九種方法，稱爲「九經」。

（五）天人合一義

天人合一是中國哲學的最高勝境，《中庸》以誠貫通天人，非常重視誠的功夫，並且以至誠配至聖，聖人至誠，至誠如神，德配天地，可以立天下之大本，經綸天下之大經，不僅能盡性，還可以參贊天地的化育。換句話說，只要我們內心真誠不欺，就能盡自己的本性，也能發揮人性，還能旁通物理，如此就可

以參贊天地萬物的變化和生育，這就是天人合一。

三、亞里斯多德中庸道德哲學的意義

亞里斯多德認為人類的道德行為必須符合中庸之道，過與不及都會破壞道德，但是，我們的日常行為經常不符合中庸的標準，所以，要施以道德訓練，使言行舉止合乎中庸，依照亞里斯多德的思想，中庸有四點意義：行為的標準、與苦樂相連、德性的善與適當的情緒、相反自然傾向。

（一）中庸是行為的標準

亞里斯多德以為道德的行為必須符合中庸（Mean），過（Excess）與不及（Deficiency）都會破壞道德，例如一般人追求健康，如果飽食過量或營養不足，身體都會受到傷害，必須飲食的質和量恰當正常，才能常保愉快健康。

（二）中庸與苦樂相連

中庸的道德行為和苦樂有關，因為道德是由行為和情緒產生的，每個行為或情緒總是帶有快樂或痛苦，所以，一個人如果在克制情慾方面覺得愉快，那麼他已經是一位有節制，合乎中庸的人；相反的，如果他覺得克制情慾很痛苦，那就不是有節制的人，不合乎中庸之道。

（三）中庸是德性的善與適當的情緒

所謂善，是倫理行為能夠表現適當與良好的中庸情況，一

個善於管理自己事務的人，應該避免太多或太少的兩個極端。亞里斯多德認爲倫理的善與人的情緒和行爲有關，因爲情緒和行爲有過與不及或中庸恰當的不同表現，例如我們一般人有恐懼、憤怒、快樂、痛苦、憐憫等情緒，這些情緒發而適當，合乎正當的平均值，不會太過或不及，這就是善的特質，行爲也是一樣，避免極端，而在適當時間，用適當的方式表現出來。

（四）中庸相反自然傾向

亞里斯多德所謂兩個極端的中庸（不會過與不及），並不是以數學家尺度來衡量平均數，而是依據有德者良善心靈來判斷的，判別兩個極端（過與不及）和中庸的對立。這種對立在個人來說，我們生性愈傾向的方面，愈與中庸之道相反，例如一般人喜歡好逸惡勞，這種傾向使人容易陷於不節制的惡習，所以說，生性愈傾向的地方，愈與中庸之道相反，換句話說，中庸相反自然傾向。

四、中庸道德哲學方法論的比較異同

（一）子思直覺體驗的方法論

儒家哲學強調實踐體驗的生命學問，子思也不例外，這種直接體驗的方法，不是客觀的分析，也不是邏輯推論、感官的知覺，而是一種內在本心的直覺，直覺又名直觀，意指直接的領會、認知、體認、體貼、體悟、判斷，凡是不經過推理和經驗知識的直接方法，稱爲直覺法，直覺法是中國哲學家們最常

使用的方法，他們認為人人天生具有分辨善惡和識別邪正的能力，能夠以直覺當下把握道德的原則。

　　由於子思深切體悟天道與人道的契合，直接印證內外之理，天人合一之道，所以，《中庸》第一章第一句便說：「天命之謂性」，並且以為至誠就是至聖，至誠的聖者，可以知天，參贊天地的化育，而且至誠如神，悠久無疆，可以配天。

（二）亞里斯多德理智思辨的方法論

　　亞里斯多德的方法學是從日常生活中搜集眾多資料作為理性推論的依據，從感覺所知的人事經驗開始，對每一事理求其明確的認知，再做正確的判斷，也就是慎思明辨，考慮選擇，以明智分辨人生的善惡，以分析、計算、抉擇為方法。

　　亞里斯多德同古希臘宇宙論時期的哲學家一樣，首重觀察，仔細觀察宇宙自然和社會人群的種種現象，並且從日常生活中搜集豐富的資料和例子，包括許多人品、性格的描寫，經過詳細的分類，理性的推論，結論出精密的定義。

（三）兩者都強調實踐精神

　　雖然亞里斯多德以理智思辯為方法，子思以直覺體驗為方法，兩者的方法進路殊異，但是，雙方都強調實踐的必要性。子思要我們執中，把握中庸，拳拳服膺，終生遵道而行；亞里斯多德關心道德的實踐比道德的理論更重要，他認為倫理學所討論的善惡、邪正等人品，應該建立在事實上，而且真正可行，使人的舉止言行成為一個好人，追求行為的善以及人生的幸福。

五、中庸道德實踐工夫論的比較異同

（一）子思中庸道德實踐工夫論

1.率性慎獨

《中庸》第一章的前三句「天命之謂性，率性之謂道，修道之謂教」是全書的綱要，天道天命和人性是相同一致的，因為人的本性是上天所賦予的，所以，只要我們遵循天性的自然之理，使我們的日常言行都能合乎常態規範，就是人生的大道，這個大道是不能一刻離開的，所以，君子在沒有人看到的地方要特別謹慎持戒，在沒有人聽到的地方也要特別恐懼慎重，大家要知道最隱暗的地方，其實也是最容易被發現的，最細微的東西也是最容易顯現的，因此，有德的君子，要特別謹慎一個人獨處的時候。

2.忠恕之道

《中庸》第十三章說：忠恕之道是自己不願意他人加之於自己的事，自己也不要加之於他人身上。朱子認為忠是盡己之心，恕是推己及人，盡己之心就是盡自己的本份和能力，誠心誠意的待人處事，推己及人就是己立立人，己達達人，不斷推恩助人。換句話說，忠恕之道在於日常生活中實踐道德，日常言行多謹慎，如有不周全的地方，不敢勉強而為，說話時要顧慮能做到的事，做事也要顧慮所說過的話，言行一致，反身而誠矣。

3.知仁勇

《中庸》以天下的大道有五種，而用來實踐的工夫有三種，君臣、父子、夫婦、兄弟、朋友之交，這五種關係是人人共走的道路，知仁勇三者，是人人應有的德性，用來實行的原動力是一個誠字。《中庸》以爲好學不倦就接近知，實踐德行，就接近仁，知道羞恥，就接近勇，能夠以三達德（智仁勇）行五達道（君臣、父子、夫婦、兄弟、朋友之交），天下可以太平。

（二）亞里斯多德中庸道德實踐工夫論

1.遠離相反中庸的極端

中庸之道在於過與不及之間的最佳選擇，使情緒和行爲達到適中的境界，這不是一件容易做到的事，爲了達到中庸之道，我們要設法遠離相反中庸的那個極端。

2.放棄偏激的傾向

我們應當仔細檢查什麼是自己最偏激的地方，並且要徹底的放棄這種偏激或惡習，以達到中庸之道。

3.永遠特別提防那使人快樂的事情

快樂往往使人的判斷歪曲，尤其是情慾方面的快樂，容易使人失去理智，偏於一曲，所以，我們對於快樂要用一種嚴厲的態度來面對，減少做錯事的機會。

4.勇　敢

勇敢（Courage）是在危險環境中應付困難的性格，勇敢的人與眾不同的地方是他有不受動搖的信心，面對困難，毫無畏懼，而且表現優越。勇敢的兩個極端是魯莽（Rash）和懦弱（Coward）。

5.節制（Temperance）

節制是針對感官知覺而言，節制是快樂的感官經驗的中庸之道，相反的，無節制是不知滿足的人，它的過是縱慾，故意尋求快樂，它的不及是柔弱，躲避痛苦。

6.大　方

大方（Liberality）是慷慨好施，它的表現是在錢財的獲得和分配能夠中庸之道，它的過是浪費，不及是吝嗇。大方的人，取財有道，施恩於人，而不求人回報或施恩，大方的人不取不義之財，把錢用在適當事物上，使自己的收入和支出相當。

7.試　實

誠實（Honest）是一個人在言行上的真實表現，它的太過是自誇（Boastfulness），不及是自貶（Irony）。

8.幽　默

幽默（Humor）是人際交往言談的中庸，以詼諧、有趣的口吻說笑話，有幽默感的人與人同樂，不失高雅，它的過是滑稽丑角（Buffoon），它的不及是粗野無趣（Boor）。

9.正　義

正義（Justice）的人，不犯法，不貪財，處事公平，善待別人，它是做人處事的中庸，給予每一個人相稱而且平均的分配，它的過是做不義的事，取得比自己應得的多，它的不及是忍受不義的事，取得比自己應得的少。

六、中庸道德哲學目的論的比較異同

（一）子思以至誠成聖、德配天地為目的

　　儒家強調以德修身的重要，涵養道德人格，成爲君子，《中庸》秉承這個思想，以誠的工夫次第，成己成物，由內聖到外王，達到至誠的境界，至誠的人可以知人、知物、知天，至誠的人就是至聖者，就是道德的最高理想，聖人法天象地，順應上天的自然運行，結合水土的生成道理，運用睿智，建立大道，他的德性可以和天地相匹配。

（二）亞里斯多德以幸福為目的

　　亞里斯多德認爲幸福是靈魂依照完全之德（Complete virtue）的活動，並且有充分的外在的善，而又成爲我們的全部生活，所謂完全之德是由智慧之德（Intellectual virtue）和倫理之德（Moral virtue）合成，智慧之德是指人類對於善惡的認識，知道什麼是善，什麼是惡；倫理之德是指道德的訓練，爲什麼要有道德的訓練呢？因爲人類雖有理性的靈魂，也有情感和慾望等非理性的靈魂，所以道德的目的，要訓練情感和慾望，使它們服從理性的指導，知道善惡，言行合乎中庸。幸福除了靈魂依照完全之德而活動外，還需要外在的善，諸如：朋友、榮譽、財富、快樂和諧的家庭、政治權力、身體健康、子孫賢孝等，缺乏這些外在的善，幸福會黯然失色，例如沒有朋友、子女，幸福不能算是圓滿。

七、結論：中庸比較道德哲學的當代詮釋意義

（一）中庸針砭科技發展的偏鋒，使科學和道德並進

　　現今科技發展的道德危機是人的疏離，人心空虛，犯罪率

高，更嚴重的是人成爲科技目標的工具，人之所以爲人的主體道德意識逐漸消失，人與人相互利用，把人當工具，不能正視人性的尊嚴。所以，我們提倡科學，雖然需要急起直追迎頭趕上，然而徒有製造高科技產品的本領而沒有一顆善良的心，人類可能遭致自我毀滅，因此，涵養道德人格是提倡科學的先決條件，而中庸正可以針砭科技發展的偏鋒，使科學和道德並進。

（二）中庸調適現代人生活的個體極致和荒謬

人類必須在群體的社會裏生活，個人雖然要求自由，但不能妨害大我群體的共同道義，中庸調適現代人生活的個體極致，有四個重點：

1.個人主義與人倫的和諧

當前的社會是個人爭取權益的時代，例如消費者、員工、失業勞工、婦女、殘障人士等各行各業爲自己謀福利，結果必然造成廠商和消費者、勞方和資方的種種糾紛，但是，人人仍應遵守法律、顧全大局，以人際和諧關係爲前提，因此，個人主義必須融合中庸思想，我們的社會才能在安定中求改革，在改革中求進步。

2.自由主義與禮節自律的約束

愛自由是人的天性，我們要求更多的開放和自由，但也需要更多的自我約束，在自由的國度裏，自由人同時也是道德人，自由而沒有理性的自律，必將淪入慾望的深淵，例如我們應享有言論的自由，但不可任意的罵人、冤枉人、汙衊人，所以，如何使自由主義和道德禮節相結合，使言行達到中庸，值得我們精思力踐。

3.民主政治和守法精神的操持

　　民主就是以民為主的法治，法律有如交通規則，大家行經十字路口，人人遵守紅綠燈的指揮，人車可保平安，如果有人搶黃燈、闖紅燈，必然遭致混亂而有危險，因此，如何使情理法達到中庸和諧，需要大家高度智慧去遵守。

4.中庸培養人與自然關係的和諧

　　人類開發自然要中庸適當，不可過與不及，太過則造成環境污染，生態改變，不及則經濟落後，生活困苦，中庸之道培養人和自然關係的和諧。今後，經濟發展與環境保護兼顧，經濟建設要有嚴格的環保評估，如果開發自然，造成公害，那麼環保應優於經濟，這是為了人類後代子孫留下一片淨土，廠商要有改善污染的誠意，政府環保單位須訂定嚴格標準，加強督導，提昇環境品質。

參考書目

《四書集註》：朱熹撰，台北市，世界書局，民國 59 年 8 月 15 版。

《現代哲學論衡》：沈清松著，台北市，黎明公司，民國 75 年 10 月初版。

《亞里斯多德宜高邁倫理學》：高思謙譯述，台北市，台灣商務印書館，民國 68 年 4 月初版。

《從創造的詮釋學到大乘佛學》：傅偉勳著，台北市，東大公司，民國 79 年 7 月出版。

《比較哲學導論》：李增譯，台北市，黎明公司，民國 69 年 11 月初版。